知的生きかた文庫

日本史の有名人たち
「その後」どうなった？

山本博文　監修
造事務所　編著

JN109296

三笠書房

はじめに
歴史から姿を消した「あと」が、おもしろい

大政奉還をして江戸幕府を終わらせた徳川慶喜は、政治の世界から離れて趣味を楽しみました。ところがなぜか、明治時代になってから将軍だったころよりも高い官位を授けられています。

なぜ、そんなことが起こるのでしょう?

「負け組」というと、みなさんはどのようなことを想像するでしょうか?

合戦や権力闘争に敗れて非業の死を遂げ、一族は没落……。もちろん、そうして消えていった人物や一族は大勢います。しかし、歴史はそれほど単純ではありません。節目の戦に敗れたあと雌伏の時をすごし、やがて復権を果したという人物(あるいはその子孫)もかなりいるのです。

昨今、大河ドラマで、「ナレ死」という言葉が話題になっています。登場人物が権

力闘争や合戦に敗れる場面（おもに命を落とすシーン）が描かれず、ナレーションによって歴史の表舞台から姿を消したことを視聴者に知らせるという手法です。

この手法の是非を議論しようというわけでなく、表舞台から姿を消した「その後」が、じつはドラマチックだったりすることを知ってもらいたいわけです。

たとえば、関ケ原の戦いで敗れた西軍の主力として戦った宇喜多秀家は、死罪を免れて八丈島に流されました。その後貧しい暮らしに耐えて、なんと50年以上も生きています。関ケ原の現場で戦った名だたる武将たちのなかで、もっとも長生きしました。そして子孫は、明治維新によって本土に帰還しています。

一方で、東軍に加わって戦った武将のなかには、江戸時代に取り潰された者も多数いました。また、小早川秀秋とともに裏切った4人の武将のうちふたりは、戦の直後に改易されています。本当の勝ち組になれなかった人物もいるのです。そう考えると、長生きした宇喜多秀家を単純に「負け組」と断じることはできなくなります。

本書に登場する「負け組」は、ただ負けたわけではありません。それぞれに知られざるドラマを隠し持っています。

チャンスをつかんで復活した者、子孫が意外な出世を遂げた者、復活したけど、また負けてしまった者もいます。負け組の視点から眺めてみると、歴史の奥深さが味わえるようになるかもしれません。

山本博文

あの〝有名人〟の意外な復活

大事件、合戦、政争……知られざる歴史の「その後」を紹介します

1

壬申の乱で敗れた皇子の孫なのに天皇の名前をつけた

淡海三船

（122ページ）

2

こっそり京都に戻って大名に復帰していた

足利義昭

（96ページ）

3

明智光秀の家臣の
娘なのに大奥で
頂点に立った

春日局

（130ページ）

維新後は自由に暮らし、
官位も将軍時代より
上がった

4

徳川慶喜

（144ページ）

賊軍の一員から
無敵の陸軍大将となった

5

立見尚文

（71ページ）

目次

1章 歴史を動かした主役・脇役たちの「その後」

2章

しぶとく生きのびた、執念の「その後」

3章 意外と出世した、大逆転の「その後」

4章

いつの間になぜ消えた？　驚愕の「その後」

5章

現代まで続く、あの有名人の子孫たち

文／大河内賢、菊池昌彦、菅野徹、
中村達彦、南ルイ
図版・ＤＴＰ／造事務所

1章

歴史を動かした
主役・脇役たちの「その後」

1185年▼壇ノ浦で平家が滅亡

「平家にあらずんば人にあらず」。そう言った平時忠がちゃっかり生きのびた！

平時忠《たいらのときただ》
(1130-1189)

武士階級の勢力が貴族階級を凌駕した平安末期、その主導権をめぐって争ったのは、源氏と平氏だ。おもに戦った源氏は「河内源氏」である。もとは河内（大阪府）を根拠地とした武士集団で、「源」の姓氏を賜って皇族から臣下となった源経基《みなもとのつねもと》を祖とする清和源氏の系統だ。

河内源氏では、源頼義・義家親子が、前九年合戦や後三年合戦で活躍し、とくに東国で勢力を拡大した。頼義の三男・義光の子孫からは、戦国大名の武田氏や佐竹氏などが出ている。また義家の子孫からは新田氏や足利氏、徳川氏などが派生した。いずれも現在の関東に拠点を置いたが、この河内源氏こそ武家の棟梁にふさわしい存在であった。

源氏と平氏の家系図

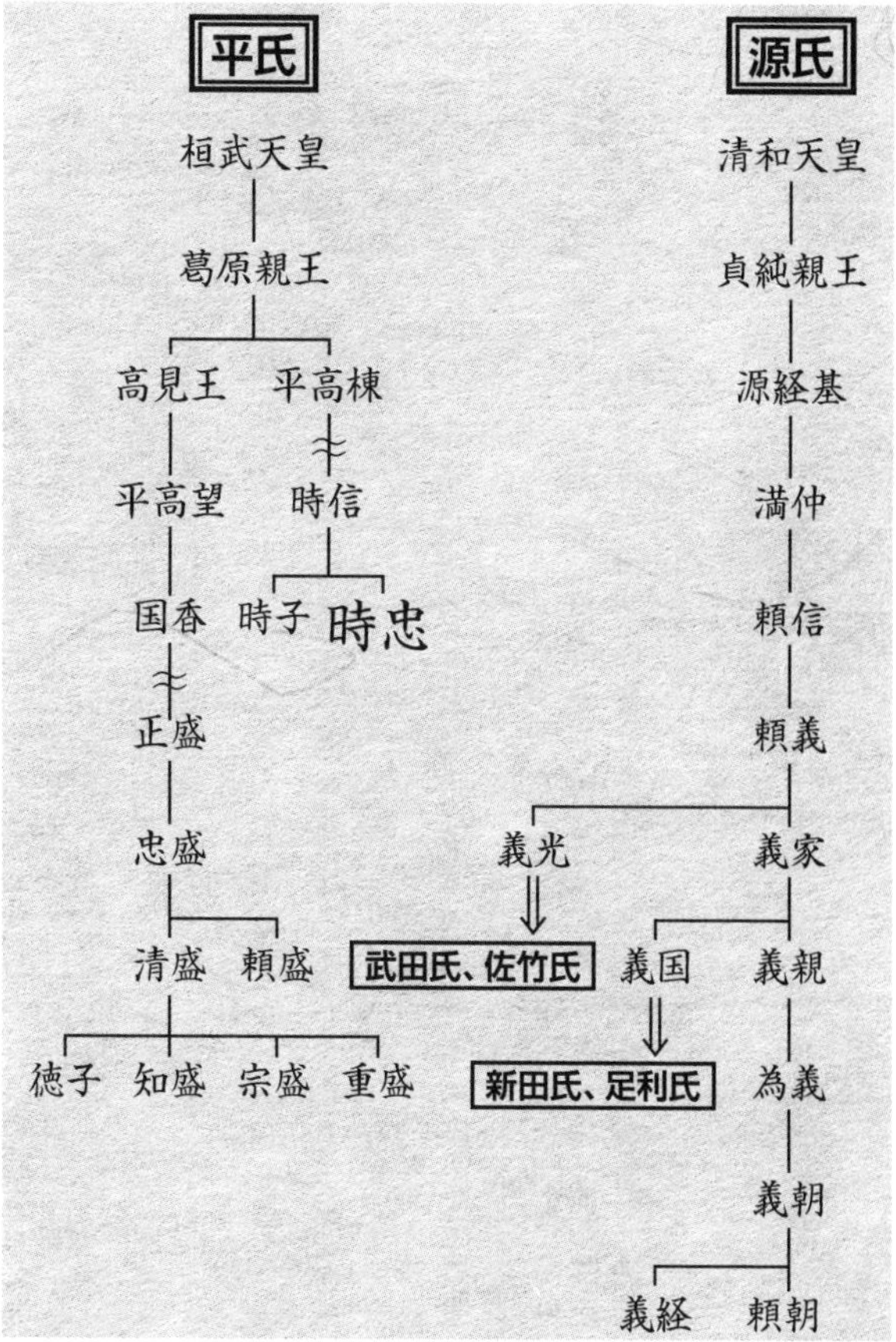

源氏はほかに嵯峨源氏、村上源氏、宇多源氏などがある。平氏もほかに仁明平氏、光孝平氏などがある

しかし、河内源氏の勢力拡大は貴族たちに危惧され、やがて京都での勢力を失ってしまう。代わりに台頭したのが、桓武平氏の系統で伊勢を根拠地にした平正盛だ。平安末期、正盛の孫・清盛が後白河上皇の信任を得て勢力を拡大し、最盛期を迎えている。

ちなみに、「平氏」と「平家」はまったくのイコールではない。平家は、平氏のなかでも清盛の一族を指す。この平家が、日本初の武家政権を築いた。

清盛は保元の乱で河内源氏の源義朝と手を組んで武士の力量を示し、続く平治の乱ではその義朝を破って、源氏勢力を追い落とした。清盛は娘の徳子《とくこ》を後白河上皇の皇子である高倉天皇に嫁がせて外戚《がいせき》となり、孫の安徳天皇が生まれたことで外祖父となった。

そして武士として初めて太政大臣となった清盛を筆頭に、平家一門には三位以上の公卿16人、殿上人30人余、現代の県知事にあたる諸国の受領が60人余もいて、その所領は全国の半数以上である30数カ国におよんだという。

●もとは〝平家〟ではなかった時忠

「平家にあらずんば人にあらず」と絶頂期に名（迷）言を残した平時忠は、清盛の正室・時子の弟であり、後白河上皇の正室である建春門院の兄であることから、朝廷の人事を司った。時忠自身は伊勢平氏の生まれでなく、都で貴族として仕えてきた文官の高棟《たかむね》流平氏の出である。その権勢はまさに、姉と妹からのおこぼれであった。

やがて清盛と後白河上皇が対立し、1180（治承4）年に後白河上皇の皇子である以仁王《もちひとおう》が全国に平家追討の令旨《りょうじ》を発すると、源頼朝や木曽（源）義仲が挙兵した。頼朝は平治の乱の際、助命されて生きのびた身であった。

1181（治承5）年に清盛が病死すると、平家の権勢は衰えた。三男の平宗盛が後継者となるが、軍略に秀でた源義経の登場で敗戦を重ね、平家は都落ちした。

そして1185（元暦2）年4月25日、長門（山口県）赤間での壇ノ浦の戦いで、平家は源氏に敗れ滅亡した。安徳天皇は入水、宗盛や建礼門院は入水したが死にきれずに源氏の捕虜となった。宗盛はのちに処刑されている。頼朝は、自分のように敗残者のなかの生き残りが牙をむかぬよう、残党狩りを徹底したのだ。

そんな平家一門で生き残った者もいる。清盛の弟・頼盛《よりもり》だ。清盛と確執があり非主流派だったため、平家の都落ちの際には京都にとどまった。平家滅亡後、頼盛は一門でありながら頼朝に所領を安堵され、鎌倉に客人として招かれて厚遇されている。なぜなら、平治の乱のあと頼盛の母である池禅尼が、清盛に頼朝の助命嘆願をした恩があったからだ。
また、「平家にあらずんば……」と豪語した時忠も、壇ノ浦の戦いのあと生き残った。時忠は壇ノ浦で捕虜となったが武士でなかったため、さらに三種の神器のひとつである神鏡を守った功績により、死罪を免れた。だが、京都に居座って義経につながり再起を図ろうとしたことが発覚すると頼朝に能登へ流されてしまい、そこで亡くなった。

1185年▼平知盛、壇ノ浦で入水

滅亡直前に誕生した清盛の孫、鎌倉時代に大宰府の役人にまで出世！

平知宗《たいらのともむね》
(1184-1255)

「見るべき程の事をば見つ。今はただ自害せん」――この言葉を残して、平清盛の四男・知盛《とももり》は、海に身を投げた。享年33。入水の直前、碇《いかり》を背負い、鎧を2枚身につけていたという。壇ノ浦の戦いで源平の争いに終止符が打たれ、平家の主だった者は死んだ。

ただし、生きのびた者がいる。知盛の子で都落ちのさなかに生まれた鬼王丸だ。まだ1歳の乳飲み子で、もちろん戦いには参加していない。この戦いのあと、鬼王丸は過去に知盛に仕えていた源氏方の武将・武藤資頼《むとうすけより》によって、ひそかに助け出され、資頼の養子として育てられたと伝えられている。

資頼は、平家から源氏へ寝返り、源頼朝の信頼が厚かった。源平合戦から数年後には、筑後（福岡県）にある行政機関の大宰府で、少弐という官職に任じられている。武藤家はのちに少弐家と姓を改め、戦国時代まで九州で勢力を誇っている。

鬼王丸は養父に従って大宰府に移り、のちに実父の名の一文字をとって知宗《ともむね》と名乗った。1200（正治2）年には、大宰府の事務職である大監《だいげん》に任じられている。大宰府は、かつて知宗の祖父・清盛が大弐の位に任じられたこともあり、平家ゆかりの地だった。

その後、知宗は半世紀以上も大宰府で過ごしたが、子孫は対馬へ渡り、そこで宗家《そう》を名乗ったと言われている。宗家は、明治維新まで対馬を治め続けている。ただ、宗家の先祖は、平安時代から続く惟宗《これむね》家出身とも、壇ノ浦の戦いで入水した安徳天皇の末裔とも言われるなど、複数の由来がある。

そもそも、宗家が平家の子孫であるというはっきりした証拠はない。なお対馬には、壇ノ浦で入水した安徳天皇の陵墓参考地（特定しないものの陵墓の可能性があると宮内庁が指定したもの）もある。安徳天皇の生母は清盛の娘・徳子《とくこ》であり、知宗のいとこにあたる。

知宗のほかにも助かった者がいた。清盛の孫にあたる宗実《むねざね》や、曾孫にあたる六代《ろくだい》だ。両者は、出家することを条件に許された。もっとも六代は十数年後に突然処刑され、宗実ものちに鎌倉へ向かう途中で餓死したと伝えられる。

また、壇ノ浦の戦いのあと生き残った平家一門が隠れ住んだ「平家落人の伝説」は各地にあるが、実際に生きのびた者は、ここで紹介した者たちくらいしか伝わっておらず、真偽のほどは不明である。

1219年▼公暁が源実朝を暗殺

滅びたのは一部の系統のみ！頼家、実朝兄弟の悲劇と「源氏」のその後

源実朝《みなもとのさねとも》
(1192-1219)

源頼朝とそのふたりの息子の最期は悲惨である。頼朝は、通説では落馬がもとで病となり、1199（建久10）年に死んだ。急遽2代将軍となった頼家は、北条氏により将軍職を剥奪された上、伊豆の修善寺に幽閉された。北条氏が幕府の実権を握って、最終的に頼家は暗殺されたという。

北条氏に推されて3代将軍となったのが、頼朝の四男である源実朝だ。1219（建保7）年2月13日夜、雪の降り積もる鶴岡八幡宮で参拝から帰る途中、実朝は甥の公暁《くぎょう》（頼家の子）に暗殺されてしまった。公暁は父親の死で実朝を逆恨みしており、北条氏に利用されたという説もある。その公暁もすぐに殺された。こうして、鎌倉幕府における源氏の血筋は絶えてしまった。幕府を支配した北条氏は、名目上の将軍とし

て京都から摂関家や皇族を招いた。ただし、源氏そのものが滅亡してしまったわけではない。歴史上、表に出なくとも源氏の血統は、以降も武士階級の中心にあった。

教科書的な表記で「源」の姓が出なくなるのは、鎌倉時代の終わりから。その理由は「氏」ではなく「名字」が記載されるようになったからだ。「氏」は天皇から賜った名で「みなもとの」「ふじわらの」と氏と名の間に「の」がつく。一方で「名字」は私称したものであり、たとえば、「足利」「徳川」などだ。ちなみに足利も徳川も、「氏」は源である。

では、途絶えた頼朝の嫡流以外の源氏はどうなったのか？　それをひもといてみよう。先に紹介したように、足利や徳川は頼朝と同じ河内源氏で、その支流であった。

そもそも「源」は、皇族が臣籍降下により天皇より賜った氏姓だ。頼朝は河内源氏の嫡流であり、途切れてしまったが、後世まで連綿と続いた系統は多い。

たとえば妖怪の鵺《ぬえ》退治で知られ、頼朝以前に以仁王《もちひとおう》とともに平家打倒のため挙兵した源頼政は、河内源氏とは系統の異なる摂津源氏の出である。摂津源氏は、金太郎で有名な坂田公時《きんとき》ら四天王を従えて酒天童子《しゅてんどうじ》を退治した伝説の残る源頼光を祖とする。

その子孫には、江戸城をつくった太田道灌《どうかん》、江戸幕府で老中となった松平信綱などがいる。
時代をさかのぼると、院政期には藤原道長の後継者と言われた右大臣・源師房《もろふさ》や子の俊房などを輩出した公家系の村上源氏が隆盛した。12世紀初頭には、公卿のほぼ半数が村上源氏であったという。その子孫には、江戸末期から明治初期に活躍した岩倉具視《ともみ》がいる。

1336年▼後醍醐天皇が吉野に逃れる

足利尊氏に敗れた後醍醐天皇の皇子たち。その数奇な運命を追う

護良親王《もりよししんのう》
(1308-1335)

足利尊氏や新田義貞の働きにより鎌倉幕府が倒され、後醍醐天皇が主導する「建武の新政」がはじまったのは1333（元弘3）年。公家を優遇した天皇中心の政治で、武士は重く用いられなかった。

たとえば尊氏は、武家の棟梁とも言える「征夷大将軍」の位を欲したが与えられず、代わりに後醍醐天皇の子・護良親王に与えられた。

後醍醐天皇にはこの護良親王のほか多くの皇子がおり、全国の重要拠点に配している。東北の武士たちを監視・支配する奥州府へは義良《のりよし》親王が陸奥守・北畠顕家《きたばたけあきいえ》に奉じられて赴き、関東の鎌倉府には成良《なりよし》親王が赴いた。天皇を頂点とする統治機構であることを周知徹底したかったのだ。

護良親王は鎌倉幕府を打倒した東国武士と、その中心人物である尊氏を危険視した。そして後醍醐天皇の了承を得ずに全国に令旨《りょうじ》を発し、尊氏討伐のための兵を集めはじめた。ただし、護良親王は父と不仲であった。これを知った尊氏が天皇に注進すると、天皇は反逆のかどで護良親王を捕らえ、鎌倉に送った。土牢に入れられた護良親王の監視役となったのは、尊氏の弟の直義である。

そんななか、1335（建武2）年に鎌倉幕府の残党である北条時行が挙兵し、鎌倉に攻め込んできた（中先代の乱）。成良親王は直義とともに戦ったが、護良親王は北条軍に担がれることを警戒した直義によって暗殺された。このとき、成良親王が征夷大将軍に任命されている。

またしても征夷大将軍に任命されなかった尊氏は後醍醐天皇を見限り、無許可で出陣。直義と合流すると反乱を鎮圧し、そのまま鎌倉に居座り勝手に恩賞を与えはじめた。護良親王の悪い予感は、的中したのだ。

●ことごとく敗れた南北朝時代の皇子たち

尊氏の身勝手な動きに対し、後醍醐天皇は尊良《たかよし》親王に新田義貞をつけて追討軍を差し向けた。一時は断髪して引きこもった尊氏だが、武家の棟梁として立ち上がることを決意し、後醍醐天皇に反旗をひるがえす。

尊良親王と新田義貞を破った尊氏は、その勢いのまま京都へ進み、後醍醐天皇を追い出して光明《こうみょう》天皇を即位させた（北朝）。このとき、成良親王が皇太子となったが、すぐ廃されている。

このあと勢力を盛り返した後醍醐天皇とその配下（南朝）に追われて尊氏は西へと落ちたが、九州で勢力を盛り返してふたたび京都を目指した。この上洛を防げなかった新田義貞は、尊良親王と恒良《つねよし》親王を奉じて越前（福井県）の金ヶ崎城に逃げた。

しかし、１３３７（延元２／建武４）年、足利軍に敗れて金ヶ崎城は落ち、尊良親

南北朝の皇統

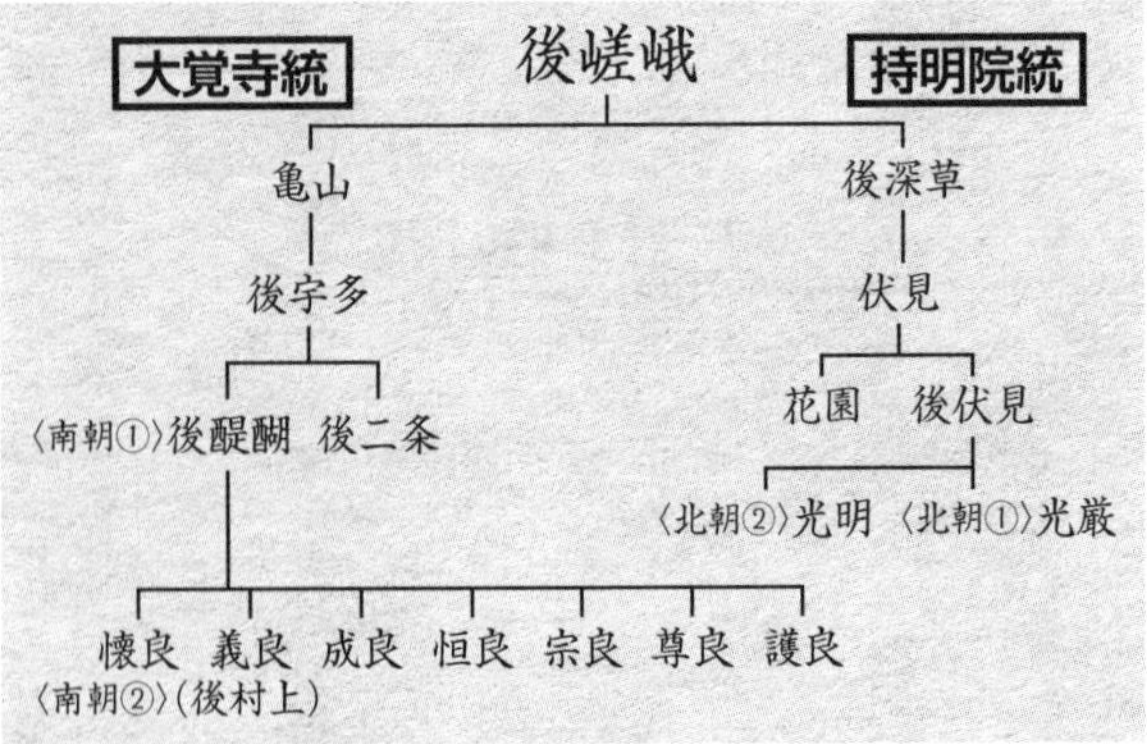

後醍醐天皇には皇后、典侍、後宮などが 20 人以上いたとされ、皇子も皇女も多かった

王は自害。恒良親王は捕らえられ京都へ送られた。

軍記物語の『太平記』によると、恒良親王は成良親王とともに幽閉され、のちに毒殺されたという。

後醍醐天皇には、ほかに懐良《かねよし》親王という皇子がいたが、南朝の勢力回復のため九州に向かったのち、北朝勢力と戦い最終的には敗れている。

1339（延元4／暦応2）年、後醍醐天皇は吉野（奈良県）の地で崩御した。このあと、奥州から戻っていた義良親王が即位し、後村上天皇となっている。後醍醐天皇の皇子たちは、各地で足利尊氏やその配下と戦い、ことごとく敗れていったのである。

こうした経緯もあり、幕末のころから、尊氏は逆賊として扱われるようになった。勤皇の志士が尊氏の墓を破壊する事件もあったという。ただし、尊氏は後醍醐天皇の冥福を祈るため天龍寺や全国に安国寺を建立していることから、（少なくとも形式上は）天皇家には崇敬の念を持っていたと考えられる。

やがて南朝の勢力は衰え、3代将軍・足利義満の時代になると、南北朝の対立は北朝優位となり、そのまま合一する。交わした約定では両朝が交代で天皇を出すこととなっていたが、北朝は反故にした。南朝系の後亀山天皇を最後に、約束はなし崩しとなり、南朝の皇統は途切れてしまうことになったのだ。のちに「後南朝」（38ページ）と呼ばれる勢力が反乱を起こすのは、この約定破りが原因である。

1338年▼新田義貞が越前で討死

源氏の棟梁になりそこねた新田義貞。その一族を自称した徳川家康との関係

新田義貞《にったよしさだ》
(?-1338)

室町幕府を開いた足利尊氏のライバルといえば、足利荘（群馬県）の隣にある新田荘（栃木県）を本拠地としていた新田義貞だ。新田氏も足利氏も、ともに源氏の棟梁であった源義家を祖先に持ち、後醍醐天皇を奉じて鎌倉幕府を打倒した。

両者は武家の名門源氏の正統な後継者として、棟梁を目指した。また、この当時幕府の実権を握っていた北条氏が平氏筋だったことも要因だろう。

鎌倉幕府を滅ぼしたのは、新田義貞だ。1333（元弘3）年に上野（群馬県）で挙兵して鎌倉を陥落させている。ここまでの実績は申し分ない。

ところが、後醍醐天皇が樹立した建武政権で義貞の命運は尽きた。武士を冷遇する政策に対し、義貞は疑問を抱きながらも臣従《しんじゅう》。結果、不満を持つ武士たちが尊氏を担

徳川家の家系図

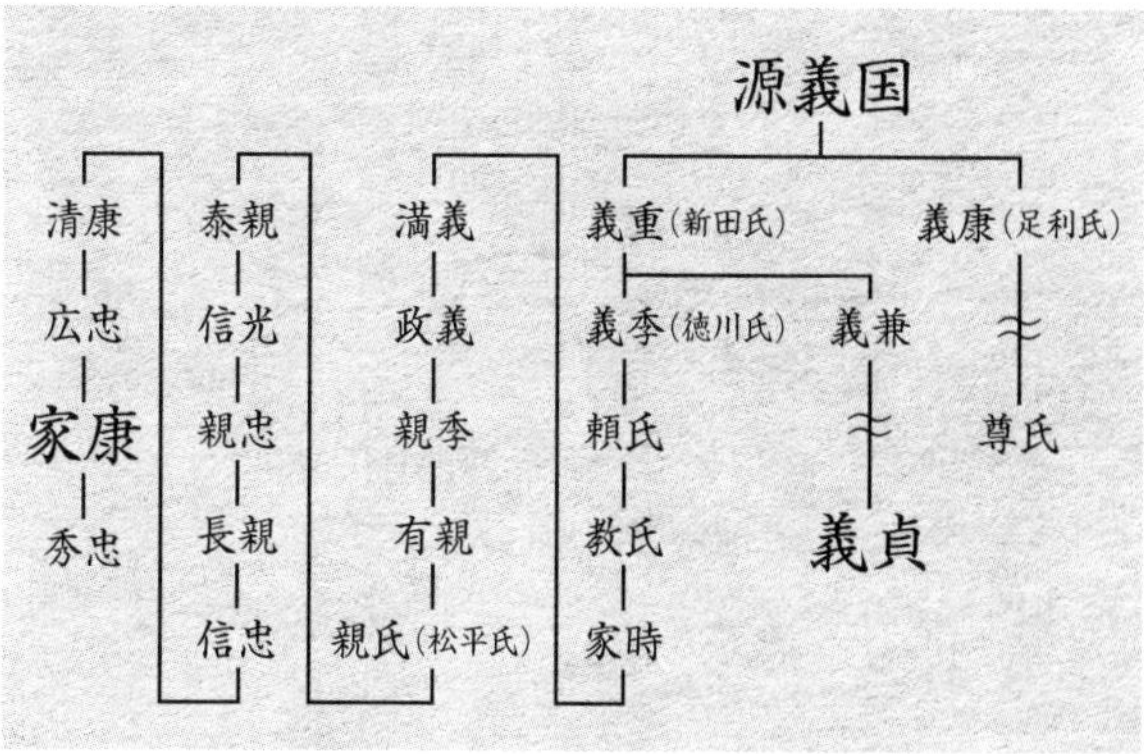

松平氏が新田氏の系譜に連なることを主張しはじめたのは、戦国時代になってからとされる

ぎ上げたのだ。

後醍醐天皇に尊氏追討を命じられた義貞は、足利軍と一進一退の攻防をくり広げた。一時は楠木正成や北畠親房《きたばたけちかふさ》とともに尊氏を九州に追いやることに成功したが、尊氏は九州で戦力を整えてふたたび都に迫った。

そして湊川（兵庫県）で新田・楠木軍は足利軍に敗北。義貞は越前（福井県）金ヶ崎城に逃げるが、落城する。以降、義貞は足利軍と転戦して抵抗を続ける。

ところが、1338（延元3／建武5）年8月17日に越前藤島の灯明寺畷《とうみょうじなわて》で戦闘中、眉間に矢が刺さり、助からないことを悟った義貞はついに自害した。

このあと、ライバルの尊氏が武士の棟梁ともいえる征夷大将軍となった。同じような血筋で、出世争いにおいては義貞のほうがややリードしていたが、武士としてどうあるべきかの判断で、運命が分かれたようだ。室町幕府が開かれると、新田氏は表舞台から姿を消している。

●家康は新田の子孫!?

そんな義貞の血脈が突如脚光を浴びたのは、義貞の死から200年以上が経過した室町時代の末期だ。三河の松平家が新田氏の子孫であることを自称しはじめたのである。鎌倉時代に新田荘にある徳川郷を本拠とした義季《よしすえ》を祖先とする松平元康が徳川家康へと改名したのもこれにちなんでいる。記録によると、義季の子孫が東三河に渡って松平氏を称したという。

のちに家康は、徳川郷を徳川発祥の地とし、年貢課役を免除するなど特別に庇護した。この地にあった満徳寺は、義季が開いたとされる。また、豊臣秀頼に嫁いだ家康の孫娘・千姫が大坂の陣で救出され、秀頼との縁を切るため身代わりを入寺させたことから、幕府公認の「縁切り寺」とされた。

ちなみに、徳川家の系図を調べると、義季と義貞の5代前の新田義兼《よしかね》が兄弟であったことから、徳川家は新田氏系であるが、義貞の子孫でないことがわかる。いずれにしても、同族から念願であった棟梁が出たことは、新田家にとっては喜ばしいことであった。

1336年▼湊川の戦いで楠木正成が敗死

なぜ、父や兄の仇敵についた? 楠木正成の「間の抜けた息子」

楠木正儀《くすのきまさのり》
(1330?-1389?)

大楠公《だいなんこう》こと楠木正成は、鎌倉末期から南北朝時代の初期にかけて、後醍醐天皇を軍事面で支えた。鎌倉幕府滅亡後に南北朝の対立がはじまると、後醍醐天皇の命で足利尊氏と戦い、敗れて自害した。

正成の長男である小楠公《しょうなんこう》こと正行《まさつら》は、父の遺志を継いで室町幕府(北朝方)に抵抗した。だが、1348（正平3／貞和4）年、四条畷《しじょうなわて》の戦いで敗れて父同様に自害した。

楠木正儀は、そんな正行の弟である。『太平記』には、父や兄と違って、「間の抜けた息子」と低く評価されている。兄の死後、正儀は家を継いで弱体化する南朝のために奔走した。幕府の内紛「観応《かんのう》の擾乱《じょうらん》」に乗じて、南北朝の合一に動いたりもしている。

正儀はできるだけ戦いを避けて北朝方と粘り強く交渉したが、後醍醐天皇のあと即位した後村上天皇が北朝の降伏にこだわり、2代将軍・足利義詮《よしあきら》がそれに反対するなどしてうまくいかず、失敗続きだった。

1368（正平23／応安元）年に後村上天皇が崩御すると、対北朝強硬派の長慶天皇が即位し、正儀は孤立して急速に立場が悪化してしまった。長慶天皇の命で、北朝との交渉は一時中断したとされている。

そこで正儀がとった行動は、よりによって父や兄の仇敵である北朝への投降であった。1369（正平24／応安2）年、正儀は知己の幕府管領の細川頼之《よりゆき》を通じて降伏し、同時に河内の守護に任じられた。その数年後には、幕府の配下として南朝の仮御殿である「河内天野《あまの》行宮《あんぐう》」を襲撃している。

その後、後ろ盾だった頼之が失脚すると、北朝においても正儀の立場は悪化した。

もともと楠木一族であることから、味方も少なく孤立してしまう。すると正儀は、ふたたび南朝へ帰参した。同じ理由で出戻りとは、なんとも間抜けな話である。

帰参した正儀は、なにごともなかったかのように要職である参議に任じられている。正儀が戻った翌年、南朝方では長慶天皇が弟の後亀山天皇に譲位。そして北朝との交渉が進み、1392（元中9／明徳3）年、南北朝はついに合一される。

その数年前に正儀は死亡したとされるが、晩年の動向はよくわかっていない。

1355年▼足利直冬が京都から逃亡

問題児扱いされた足利直冬は、観応の擾乱後、どこで何をしていた？

足利直冬《あしかがただふゆ》
(1327?-1400?)

1349（正平4／貞和5）年、室町幕府内で「観応の擾乱」と呼ばれる内紛が起こる。将軍・足利尊氏の弟で政務を司っていた直義《ただよし》と、将軍の直臣である執事の高師《こうのもろ》直《なお》の確執が発端であった。直義は師直を罷免させたものの、のちに師直が尊氏を味方につけて復権、逆に直義は失脚し、出家させられてしまった。兄弟の対立は深刻なものとなっていった。

当時、中国地方を管轄する長門探題に任じられていたのが、直義の子である直冬だ。じつは直冬は尊氏の庶子であったが反りが合わず、直義の養子となって育てられていた。実父に問題児扱いされたことが、その後の人生に大きく影響している。直義を失脚させた尊氏は、直冬の討伐命令を発した。襲撃された直冬は九州へと逃れる。第1ラウンドは、直義・直冬親子の負けであった。

その後、直冬が九州で挙兵したことで第2ラウンドのゴングが鳴る。尊氏と師直は、ふたたび直冬討伐の兵を挙げた。ところが、南朝に降って挙兵した直義が兵庫で尊氏らを破って形勢が逆転。今度は師直が失脚した上に殺された。このあと尊氏と直義は和解し、直冬は九州探題に任命されている。このラウンドは、直義・直冬親子の勝利となった。

争いは第3ラウンドに続く。尊氏と直義の間でふたたび不和が生じたのだ。今度は、尊氏が南朝にすがり、後村上天皇から直義追討令を出してもらって挙兵する。完全に泥沼であった。尊氏に連敗した直義は、降伏して兄と和解するも急死。毒殺の噂もある。

こうして、観応の擾乱は終息した。

九州で孤立した直冬は、直義の死後、南朝に帰属した。そして1355（正平10／文和4）年に南朝の武将として京都へ進軍し、一時は尊氏を京都から追い出すことに成功した。しかし、2カ月足らずで勢力を挽回した尊氏に敗れ、直冬は命からがら京都から脱出している。

以降、直冬は流浪の身となり、弟である2代将軍・義詮《よしあきら》の差し向けた追討軍を避けながら中国地方を転々としていたという。安芸（広島県）や石見《いわみ》（島根県）には、直冬が九州にいたころに親交のあった国人たちがおり、手厚くもてなされた。

一説によると、晩年の直冬は甥にあたる足利義満と和解し、石見で隠棲することが認められたという。実父や弟を相手に派手に暴れたわりには、穏やかな晩年であった。

1392年▼後亀山天皇が譲位して南朝が消滅

15世紀まで存続していた「後南朝」。謎の子孫が昭和に突如登場し、大混乱！

熊沢寛道《くまざわひろみち》
（1889-1966）

第二次世界大戦直後、みずからを正統な天皇の継承者だと名乗る人物が現われ、世間を騒がせる事件があった。自称「熊沢天皇」こと熊沢寛道は、自身を南朝第４代の後亀山天皇の末裔と語り、昭和天皇に面会と退位を迫ったのである。

もちろん皇室が相手にするわけがない。しかし、この熊沢天皇に触発されたのか、同時期に「酒本天皇」や「外村《とむら》天皇」など、南朝の末裔と称する自称天皇が多く出現した。

この事態を招いた原因は、１３９２（元中９／明徳３）年、３代将軍・足利義満の時代に南北朝合一したあとも南朝が残ったことである。その朝廷を「後南朝」という。

南北朝合一は室町幕府の主導であり、北朝優位の状況で行なわれた。南朝の後亀山天皇が天皇位の証である三種の神器を、北朝の後小松天皇に譲って退位した。以降、北朝系と南朝系の天皇が交代で即位することとなった。

ところが、後小松天皇は約定を破って子の称光《しょうこう》天皇を即位させ、なし崩し的に天皇位は北朝系が独占した。これに怒った元南朝の皇統や臣下が樹立した政権が「後南朝」なのである。

後南朝勢力は、たびたび反乱を起こした。たとえば1414（応永21）年、南朝の重臣だった伊勢（三重県）国司の北畠満雅《みつまさ》が幕府を非難し、吉野に潜伏していた後亀山天皇とその皇子である小倉宮《おぐらのみや》を奉じて挙兵。しかし、すぐに和睦がなされ鎮定されている。

「熊沢天皇」

その後、称光天皇が崩御し、皇女がひとりしかいなかったために、後小松天皇の系統はいったん断絶した。室町幕府は同じ北朝の系統である伏見宮彦仁王を擁立し、後花園天皇として即位した。これを不服とした後南朝の小倉宮親子は、満雅とともに1428（正長元）年にふたたび挙兵するも、幕府軍に鎮圧されてしまった。小倉宮は、それでもなかなか降伏しなかったが、やがてあきらめて仏門に入ると嵯峨野で余生を過ごしたという。

●後南朝勢力が神器を強奪

1443（嘉吉3）年9月には「禁闕《きんけつ》の変」が起こった。後南朝の勢力が後花園天皇の御所に押し入り、三種の神器の剣と勾玉を強奪してしまったのだ。主犯は、足利家と確執のあった公卿の日野有光《ありみつ》、南朝系の皇族である金蔵主《こんぞうす》、通蔵主《つうぞうす》兄弟である。有光と金蔵主は比叡山に籠るも討死。通蔵主は流刑となった。剣は清水寺で見つかったが、勾玉は後南朝に奪われたままであった。

享徳年間（1452～1455）には、奪われた勾玉を奉じて梵勝《ぼんしょう》、梵仲《ぼんちゅう》のふたりの後南朝皇統の皇子が北山郷・河野郷方面で挙兵する事件が起こる。しかし、赤松氏の遺臣により梵仲は殺され、勾玉も取り戻された。赤松氏は1441（嘉吉元）年に6代将軍・足利義教《よしのり》を殺害した「嘉吉《かきつ》の変」で弱体化していたが勾玉奪還という功績をあげて再興し、当主の赤松政則は加賀（石川県）や備前（岡山県）などに所領を与えられた。

1467（応仁元）年に「応仁の乱」が勃発すると、京都は戦乱の地となった。東軍の細川勝元が天皇を擁したのに対し、西軍の山名宗全も後南朝である小倉宮の子孫を迎えたという記録がある。ただ、これ以降の後南朝の活動は記録がない。後南朝の皇位要求の策動が幕府にとって重要なことでなくなったためと考えられる。

後南朝の挙兵が失敗したのは、時代を経るにつれ幕府の基盤が整備されたことや、その反乱が散発的であったこと、有能な軍指揮官がいなかったことなどの理由があげられる。

近代になっても熊沢天皇が登場したのは、後南朝というあやふやな皇統があってのことだった。ただその出自の真偽はともかく、言動は後南朝そのものであり、時を経て現われた後南朝の正統な後継者とも言えるかもしれない。

1600年▼石田三成が六条河原で斬首

あの石田三成の子孫が生きのび、江戸時代に大名になったという摩訶不思議

石田重家《いしだしげいえ》
(?-1686)

石田三成の居城であった佐和山城は、関ケ原の戦いからわずか3日後、小早川秀秋の軍勢によって落とされた。その際、三成の父や弟などが自害している。三成本人も、合戦から約2週間後に六条河原で首をはねられた。享年41。

こうして、戦国時代最後の負け組となった石田三成の血は途絶えて……いなかった。じつは、三成の子孫はしっかり生きのびている。

三成の次男・重成《しげなり》と三女・辰姫は関ケ原の戦いの日、大坂城にいた。佐和山落城の報を受けた重成と辰姫は、津軽為信《つがるためのぶ》の長男・信建《のぶたけ》に連れられて陸奥（青森県）へと逃れた。

陸奥の梟雄《きょうゆう》と呼ばれた為信は、豊臣秀吉の小田原攻めの際に三成の仲介によって本

領を安堵されたという恩義があった。為信は東軍についていたが、信建は豊臣秀頼の小姓として大坂城にいたのだ。これは真田のように、家をふたつに分けた生き残り策とみられる。

津軽に渡った重成は「杉山源吾」と名を改め、為信の庇護のもとで隠棲した。重成は1641（寛永18）年に津軽で死んだという。重成の子の杉山吉成《よしなり》は、2代藩主・津軽信枚《のぶひら》の娘を娶り、1300石の家老となっている。その子孫は、以後も要職についた。

津軽地方を治めた津軽為信の像

辰姫は信枚の側室となり、3代藩主の信義を出産した。つまり三成の孫が大名となっていたのである。さらにこの信義は50人ともいわれる子だくさんで、娘の萬は越前（福井県）大野藩主・土井利房《としふさ》に嫁ぎ、その血筋は敦賀藩酒井家や小浜藩酒井家など多くの大名につながっていった。家康を憎み反発した三成の血は、徳川譜代へと流れていくのである。

●財閥にも流れる三成の血

信義の子で4代藩主となった信政の三男は、烏山藩那須家を継いだ。信政の血はさらに飯野藩保科家にも入り、最後の藩主である正益の長女・寧子《やすこ》は三菱財閥の岩崎弥太郎の長男・久弥に嫁いでいる。その娘たちは三菱銀行頭取や三菱重工業社長に嫁いだ。なんと、三菱グループの中核にも三成の血が継がれていたのである。

こうなってくると気になるのが、徳川家である。調べてみると、三成の血はやはり徳川家にも入っていた。三成の次女・小石殿が蒲生家家臣の岡重政と結婚し、そのひ孫にあたる於振《おふり》の方が3代将軍・徳川家光の側室となる。このふたりの間に生まれた千代姫は尾張（愛知県）徳川家に嫁ぎ、3代藩主・綱誠《つなのぶ》を産んでいる。

その血筋をさらにたどると、皇室にもつながっていく。綱誠の子・吉通の次女である三千姫は、京都の公家九条家に嫁いだ。その子孫が大正天皇の正室である貞明《ていめい》皇后だ。つまり、現代の皇室にも三成の血が受け継がれていたのである。

三成の子孫の話は、これだけでは終わらない。三成の嫡男・重家は関ケ原の戦いのあと出家することを条件に助命され、宗享《そうきょう》と名前を変えて京都妙心寺・寿聖院の住持となったといわれる。宗享はたいへんな長寿で、1686(貞享3)年に死亡したとき100歳を超えていたという。

この宗享は僧侶であるから、子孫はいないと考えられていた。だが、出家する直前に身籠った妻がいたという。この妻は、家康の次男である結城秀康の手助けで越前に移され、同地で三成の孫・次郎右衛門を産んだ。その子孫が代々、越後(新潟県)で庄屋として続き、現在は15代当主が毎年、滋賀県で行なわれる三成供養の法要に出席しているという。三成の血筋は現代にも連綿と、そして幅広く受け継がれているのだ。

1606年▼宇喜多秀家が八丈島へ

西軍主力の宇喜多秀家は、関ケ原で戦った誰よりも長生きした!

宇喜多秀家《うきたひでいえ》
(1572-1655)

備前、備中、美作《みまさか》(岡山県)の57万石を支配した大名・宇喜多秀家は、宇喜多直家の嫡子である。自身とともに母が豊臣秀吉に気に入られたこともあり、元服の際には名前に〝秀〟の字を与えられた。その後、秀家は前田利家の娘の豪姫と婚姻し、秀吉の猶子《ゆうし》（遺産を相続しない子ども）となった。

こうした縁があって、宇喜多秀家は関ケ原の戦いでは西軍の副大将として出陣している。西軍最大の1万6000あまりの軍勢を率いて東軍の福島正則隊らと交戦した。江戸時代前期に編集された『関ケ原軍記大成』には「福島家の旗と宇喜多家の旗が双方とも2、3度退却した」と記されている。両者は一進一退の激戦をくり広げたことがわかる。

小早川秀秋の裏切りが発覚したとき、激怒した秀家は「金吾（秀秋）を斬る」といきり立って動こうとしたが、配下の明石《あかし》全登《てるずみ》に諫められ、ついに撤退したという。その後2日間山中をさまよい、落ち武者狩りに見つかるがかくまわれ、大坂屋敷に帰り着いている。

そして徳川の追跡から身を隠すため島津家を頼って薩摩（鹿児島県）に落ちのび、大隅（鹿児島県）でしばらく隠棲していた。3年後、島津家に迷惑がかかると考えた秀家は、幕府に出頭した。正室の実家である前田家や島津家の助命嘆願もあって死罪を免れ、駿河（静岡県）久能山へ幽閉されたあと、１６０６（慶長11）年4月に八丈島へ流罪となる。秀家とともに八丈島に渡ったのは、嫡男の秀高、次男の秀継、ほかに家臣12人であった。

八丈島では、前田家から1年おきに生活物資の援助を受けていたが、生活は苦しかった。島民から麦一升を譲ってもらったり、八丈島の代官に食事をふるまわれた際、白飯をおかわりし、３杯目を握り飯にして子どものみやげにしようとしたという逸話もある。

徳川家光の治世、前田家から「そろそろ赦免願いを出したらどうか？」と聞かれた秀家は、豊臣恩顧の志強く、断わったという。

１６５５（明暦元）年11月20日、秀家は82年の長い生涯を終えた。つまり、関ケ原の戦いのあと半世紀以上も生きたのである。現地で戦った大名のなかで、もっとも長寿であった。

その後も秀家の家系は八丈島で続き、１８６９（明治2）年に新政府に赦免されて子孫が東京に戻った。３６０年ぶりに本土の土を踏んだのである。

1600年▼立花宗茂が改易

豊臣恩顧の立花宗茂と佐竹義宣――西軍についた「鬼」の子たちのその後

立花宗茂《たちばなむねしげ》
(1567-1643)

関ケ原の戦いは、戦国大名たちのガラガラポンとなった。勝利した東軍の大名は軒並み加増され、敗れた西軍の大名の多くは領土を削られるか召し上げられた。西軍について何もなかった大名としては薩摩（鹿児島県）の島津家がよく知られているが、ほかに対馬を支配していた宗義智《そうよしとも》も本領を安堵されている。

対馬は、文禄・慶長の役以来途絶えていた朝鮮との交易を再開するために重要な土地であり、その交渉役であったことが大きな理由だ。1609（慶長14）年、義智の尽力で朝鮮との間に己酉《きゆう》約条が結ばれ、交易が再開された。その功績により、義智は10万石格の大名として扱われるようになった。

改易された大名の多くは悲惨な末路をたどったが、のちに大名に復帰した者もいた。

そのひとりが、筑後（福岡県）の立花宗茂だ。豊後（大分県）の戦国大名・大友宗麟《そうりん》の家臣である高橋紹運《じょううん》の長男として豊後に生まれた宗茂は、立花城の女城主・誾千代《ぎんちよ》と結婚し立花氏を継いだ。誾千代の父は「鬼」と恐れられた九州一の猛将・立花道雪《どうせつ》である。

秀吉が関白となったころ、島津氏の勢力に圧迫されていた大友氏は秀吉に助けを求めた。援軍を待つ間、宗茂は寡兵で立花城を守りぬいて名声を得た。さらに、その後の九州平定でも活躍した功績から、大友氏と並び大名に取り立てられたのである。朝鮮出兵でも宗茂は大活躍し、秀吉に「東の本多忠勝（家康の家臣）、西の立花宗茂」と評された。

関ケ原の戦いの前、宗茂は徳川家康に誘われるが秀吉への恩義からこれを断わった。そして関ケ原の戦いでも西軍に属して戦っている。結果、敗者となった宗茂は所領を没収され浪人となる。しかし朝鮮でともに戦った加藤清正に保護された。立花家の家臣のうち250人は加藤家に召し抱えられ、宗茂に送金してその生活を支えたという。

1604（慶長9）年、2代将軍・徳川秀忠に拝謁した宗茂は、知行5000石の旗本に取り立てられた。家康や秀忠が、名将・宗茂を高く評価していたからだ。もちろん、宗茂を豊臣方につかせたくないという思惑もあった。さらにその2年後、宗茂は陸奥（福島県）の棚倉に1万石を与えられ、大名に返り咲く。異例の措置であった。大坂の陣では、宗茂は秀忠の参謀として参加し、移り変わる戦況をことごとく予想して的中させたという。これで信任を得た宗茂は、秀忠の御伽衆《おとぎしゅう》に加わっている。そして1620（元和6）年、宗茂の旧領柳川を治めていた田中家が断絶すると、宗茂は後任に選ばれ、ついに旧領に復帰した。改易後に旧領に戻るのは異例中の異例であった。

宗茂は3代将軍の家光にも重用された。70歳で「島原の乱」にも出陣している。戦国武将の生き残りと呼ばれた宗茂は、1643（寛永19）年、75歳で没した。

●動かなかったことで存続した三成の友

常陸（茨城県）の54万5800石を支配していた佐竹義宣も、西軍に与した大名だ。石田三成と昵懇《じっこん》の仲であり、三成のとりなしで小田原攻めの際に秀吉に臣従。このとき、宿敵・伊達政宗を抑えてもらった恩から、豊臣恩顧の大名となった。

関ケ原の戦いで、義宣は西軍の立場であったが所領から動かなかった。「鬼義重《よししげ》」

と呼ばれた父の義重が家康と通じていたからだ。義重はすでに隠居していたが、その影響力は大きかった。また、三成と連携して家康を挟撃するはずの上杉軍も伊達や最上の軍勢とにらみ合っていたため動けなかった。こうして、佐竹軍は何もせずに終わってしまった。

戦後、佐竹家は取り潰しを免れたが、水戸から久保田（秋田県）への転封処分がくだされた。その後、佐竹家は幕末まで久保田を治め、幕末には新政府軍について戦った。なお、現在の秋田県知事・佐竹敬久《のりひさ》は、佐竹家の血を引いている。

1600年▼丹羽長重、改易

築城技術という「一芸」で、大名に返り咲いた丹羽長重

丹羽長重《にわながしげ》
(1571-1637)

関ケ原の戦いで西軍に与して改易されたものの、ふたたび大名に返り咲いたのは立

花宗茂だけではない。ここで取り上げる丹羽長重の遍歴は、波乱万丈である。

長重の父・長秀は織田信長の重臣であり、家臣団のなかでは柴田勝家に次ぐナンバー2であった。信長が本能寺で死んだ後、羽柴秀吉に味方して山崎の戦い、賤ヶ岳の戦いでは秀吉を援護した。その恩賞として越前（福井県）や加賀（石川県）の一部が与えられ、もともとの所領である近江（滋賀県）などを合わせ100万石を超える大名となった。

しかし、長秀が1585（天正13）年に51歳で死ぬと、15歳の長重が丹羽家を継ぐことになった。長重は父と同様に秀吉に味方したが、越中（富山県）の佐々成政を攻めた際、家臣に内通者がいたことを疑われ、大半の領地は没収となる。所領は若狭15万石のみとなり、長束正家《なつかまさいえ》や溝口秀勝など優秀な家臣も秀吉に召し上げられてしまった。これは秀吉の戦略であろう。追い打ちをかけるように、九州征伐の際には家臣の狼藉を理由にさらに領地を取り上げられ、とうとう松任《まっとう》4万石の小大名へと成り下がってしまった。

その後、1590（天正18）年の小田原攻めで長重は奮戦して加増され、小松12万石に移封となった。その後、秀吉と近隣の大大名・前田利家が死ぬと、徳川家康が台頭する。

長重は、かねてからライバル視していた利家の嫡男・利長が家康に味方したことから、関ケ原の戦いで西軍についた。結果、改易されてしまい、ついに領地がゼロとなった。

だが、長重は2代将軍の秀忠と仲が良かったため、ふたたび大名に返り咲く。改易から3年後の1603（慶長8）年、常陸（茨城県）古渡《ふっと》藩1万石の大名に取り立てられた。さらに大坂冬の陣で軍功をあげ、秀忠の御伽衆となる。そこから常陸江戸崎藩2万石、陸奥（福島県）棚倉藩5万石へと少しずつ加増されていった。

流転する長重には、築城という特技があった。長重が築いた棚倉城は評価が高かった。それもあって、東北の入口である白河10万石を任されることになった。白河の北には野心家の伊達政宗がおり、長重に堅固な城を築かせることで牽制したのである。

こうして、かつての100万石の10分の1になってしまったが、それでも丹羽家はゼロから大名に復帰したのである。ちなみに、西軍について改易された大名で、のちに復権したのは立花宗茂と丹羽長重のただふたりだけである。

1600年▼関ケ原で4将が西軍を裏切る

小早川秀秋に呼応した4将はどうなった？「脇坂」「朽木」「小川」「赤座」の評価

小川祐忠《おがわすけただ》
（?-1601）

赤座直保《あかざなおやす》
（?-1606）

関ケ原の戦いの開戦時における兵力は、西軍8万4000、東軍7万5000と言われる。兵数も布陣も西軍が有利であったが、家康と通じた小早川秀秋が裏切り、三成の盟友大谷吉継を奇襲したことが東軍勝利の決め手となった。

吉継は当初から秀秋を疑っており、脇坂安治《わきざかやすはる》、朽木《くつき》元綱《もとつな》、小川祐忠、赤座直保を小早川軍への備えとして自陣の近くに布陣させていた。しかし、この4将が裏切ることまでは見通せなかったのだ。

たとえば脇坂安治は、東軍の藤堂高虎を仲介として、家康に通じていた。安治の動きを見て、元綱や祐忠、直保も離反する。この4将に率いられた4200の離反軍によって大谷軍は劣勢となり吉継は自害。西軍は瓦解した。西軍の明暗を分けた意思表明であった。

彼らはその後、どうなったか？　論功行賞で、家康は結果的に西軍を裏切って東軍に貢献した脇坂たちをそれぞれ評価した。安治は淡路の所領を安堵され、さらに加増されて伊予（愛媛県）大洲藩5万3000石に封ぜられた。元綱は9590石の所領を安堵されている。対して、祐忠と直保は改易――。この評価の違いはなんだろう？

●評価の分かれ目は事前連絡

秀吉の子飼い武将で、賤ヶ岳七本槍（183ページ）のひとりに数えられた脇坂安治は、秀吉の死後、家康に近づいていた。息子の安元を会津征伐に参加させようとしていたという。西軍に参加したのは大坂に滞在中に三成の挙兵に巻き込まれたからと主張している。当初から家康につくことを表明していたことが大きかった。その後脇坂家は飯田、龍野へと移り、幕府で老中を務めるほどの家柄として明治まで存続した。

元綱は、戦の途中ではじめて家康とコンタクトを取って

脇坂安治の居城となった大洲城（愛媛県）

裏切りを表明したため減封されたという説がある。もともと9000石あまりの所領が戦後もほぼ同じであったことから、安治と同じく藤堂高虎を仲介に家康と内応しており、所領がそのまま安堵されたと考えるのが妥当だろう。その後朽木家は旗本となり、分家となった京極高通《きょうごくたかみち》は丹後（京都府）峰山藩1万3000石の大名となって明治まで続いた。両者は勝ち組だ。

小川祐忠は負け組であった。あらかじめ家康に内通しておらず、安治の行動を見て裏切ったことから、戦功評価の対象にならなかったと考えられている。また、祐忠の子である祐滋《すけしげ》が石田三成と親しかったという説もある。

改易された後の祐忠は、京都で隠棲して1601（慶長6）年に亡くなったという。祐滋は両替商となり、豪商として名を馳せたとも言われている。

さて残るひとり、直保はやはり成り行きで裏切ったことから評価されず、戦後は京都で浪人となった。のちに前田家に家臣として仕え、松任城代に任じられて9000石の知行を得た。1606（慶長11）年、直保は大門川が増水した際に検分に向かう。ところがそこで、馬から落ちて濁流に飲まれて溺死するという哀れな最期となった。子孫は永原と姓を変え、その後も加賀藩士として仕えている。

前もって通告しているかどうかが、勝ち組に残れるかどうかの運命を分けたのだ。

1868年▼新撰組、鳥羽伏見で敗北

江戸幕府とともに散った新撰組。各組長はその後どうなった?

近藤勇《こんどういさみ》(1834-1868)

土方歳三《ひじかたとしぞう》(1835-1869)

鳥羽伏見の戦いで新政府軍に惨敗した新撰組は、江戸へと退却した。到着した時点で残った隊士は44人。さらに脱走が続いて20人程度となった新撰組は、八王子千人同心らと合流し「甲陽鎮撫隊《こうようちんぶたい》」を結成。新政府軍の侵攻を食い止めるべく甲州(山梨県)へ向かった。しかし、新政府軍はすでに甲府城に入っていた。甲陽鎮撫隊は1868(慶応4)年3月6日に勝沼で新政府軍と交戦するも、わずか1時間であっけなく敗走。この敗戦により、壬生狼《みぶろ》と恐れられた新撰組は壊滅した。

甲州から江戸に戻る途中、新撰組で二番隊組長を務めた永倉新八《ながくらしんぱち》など、古参の隊士が脱退した。それでも局長の近藤や副長の土方は再起を図って下総（千葉県）の流山に移る。しかし新政府軍に包囲された近藤はついに投降。4月25日に板橋で斬首となった。享年35。

土方は残った隊士を集めて旧幕府軍残党と合流し、宇都宮から会津へと転戦した。仙台で逃亡してきた旧幕府海軍榎本艦隊と合流すると海路で箱館に向かった。翌年、新政府軍との箱館戦争で、土方は銃弾に倒れる。享年35。

さて、幹部ふたり以外の各隊の組長はどうなったか。その後を見てみよう。

○一番隊組長　沖田総司（１８４２？～１８６８）

池田屋事件以降、肺病が悪化し一線を離れる。１８６８年4月に江戸帰還後、体調悪化により甲陽鎮撫隊への参加を断念。療養するも5月20日に千駄ヶ谷、もしくは今戸にて病死した。

○二番隊組長　永倉新八（１８３９～１９１５）

流山に敗走する際に新撰組の立て直しを近藤に進言するが聞き入れられず、原田左

新撰組組長たちの離脱地点

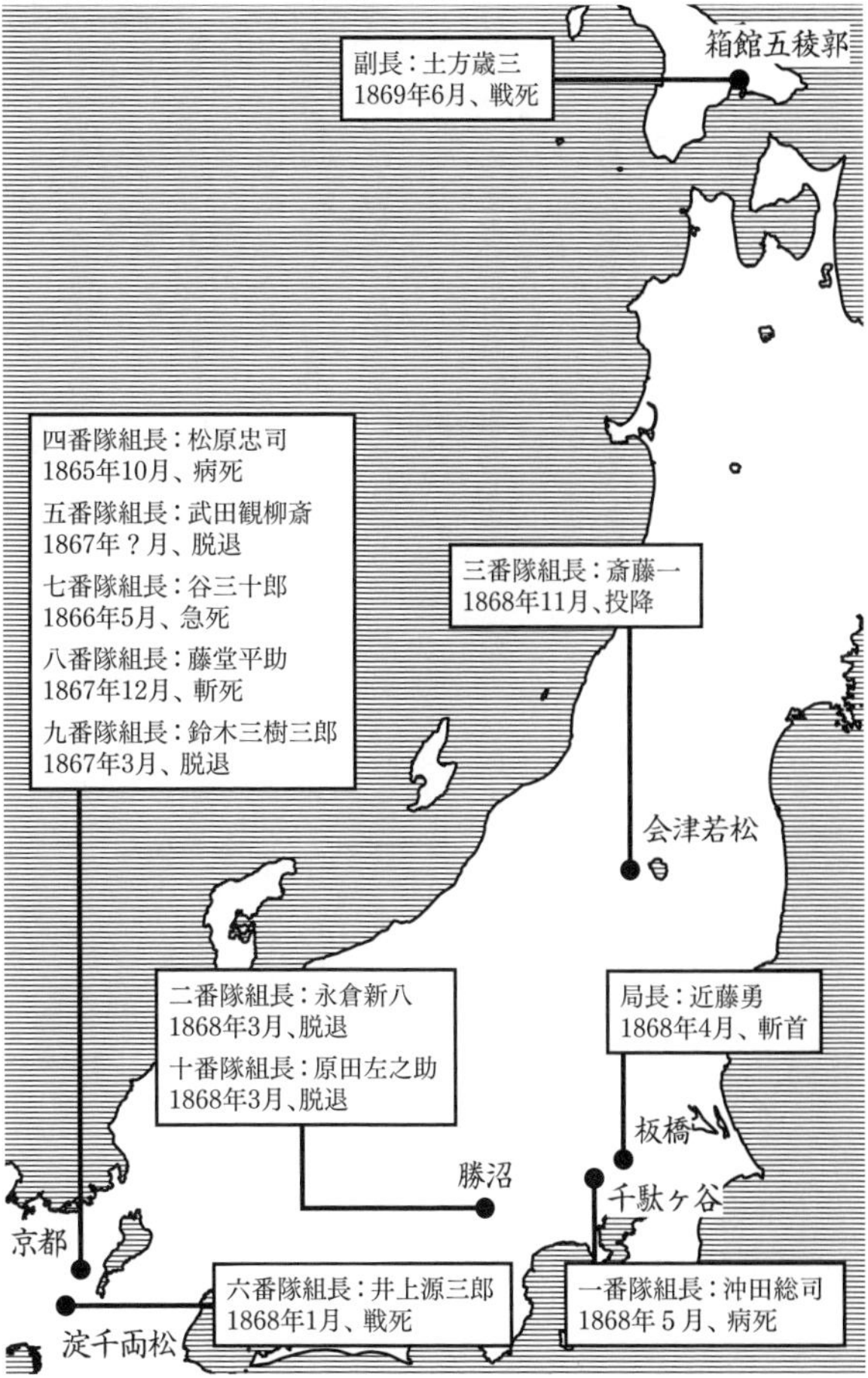

箱館五稜郭
副長：土方歳三
1869年6月、戦死
四番隊組長：松原忠司
1865年10月、病死
五番隊組長：武田観柳斎
1867年？月、脱退
七番隊組長：谷三十郎
1866年5月、急死
八番隊組長：藤堂平助
1867年12月、斬死
九番隊組長：鈴木三樹三郎
1867年3月、脱退
三番隊組長：斎藤一
1868年11月、投降
会津若松
二番隊組長：永倉新八
1868年3月、脱退
十番隊組長：原田左之助
1868年3月、脱退
局長：近藤勇
1868年4月、斬首
板橋
勝沼
千駄ヶ谷
京都
淀千両松
六番隊組長：井上源三郎
1868年1月、戦死
一番隊組長：沖田総司
1868年５月、病死

之助とともに離脱。靖共隊《せいきょうたい》を結成して会津などを転戦。維新後は、北海道小樽で隠居後、病死する。近藤終焉の地である板橋に慰霊碑を建立した。

○三番隊組長　斎藤一（1844～1915）

土方が榎本艦隊との合流を主張して去ったのち、会津に残って新撰組隊長として戦う。会津が敗れると、会津藩士とともに謹慎生活を送る。のちに東京に戻り、藤田五郎と名乗って警視庁に奉職。西南戦争には抜刀隊として参加。警視庁退職後は東京教育博物館の守衛、東京女子師範学校の庶務掛兼会計掛に就く。1915（大正4）年9月28日、本郷真砂町にて床の間で結跏趺坐《けっかふざ》したまま死去。

○四番隊組長　松原忠司（1835?～1865）

記録では、1865年10月20日に病死したとある。謎多く、何らかの理由で切腹したが失敗し、その傷が原因で死亡したという説、銃殺されたという説もある。また、松原が未亡人を妾に囲っていたことを土方に咎められ、その妾と心中した説もある。

○五番隊組長　武田観柳斎《かんりゅうさい》（？〜1867）
伊東甲子太郎《かしたろう》の御陵衛士《ごりょうえじ》と通じ、新撰組を除隊。脱退時期は未詳。1867年7月23日京都郊外の鴨川・銭取橋にて何者かに暗殺された。新撰組犯人説もある。
○六番隊組長　井上源三郎（1829〜1868）
鳥羽伏見の戦いにおいて、淀千両松で新政府軍に押され後退するなか、最前線で六番隊を率いて戦う。飛来した銃弾により死亡。
○七番隊組長　谷三十郎（1832〜1866）
1866年5月15日、祇園八坂神社の石段下にて急死したとされている。その死には、斎藤一や攘夷志士による暗殺説、脳卒中説などいくつかの説がある。
○八番隊組長　藤堂平助（1844？〜1867）
勤王思想が強く、1867年3月に伊東甲子太郎とともに新撰組を脱退したあと御陵衛士を結成。新撰組と敵対する立場となった。同年12月13日、伊東甲子太郎が新撰組に暗殺され、遺体が油小路七条の辻に放置された。これを回収に向かったところで新撰組隊士と戦って斬死。

○九番隊組長　鈴木三樹三郎（1837～1919）

兄の伊東甲子太郎や藤堂平助らとともに新撰組を脱退後、御陵衛士となる。油小路事件の後、薩摩藩邸に保護され、鳥羽伏見の戦いでは薩摩藩配下として新撰組と戦う。続いて赤報隊に参加し二番隊隊長となり東海道を進軍した。赤報隊が偽官軍と認定されると京都に戻され入獄した。出獄後、新政府軍に加わって東北で戊辰戦争を戦い抜く。維新後は、警察に奉職。鶴岡警察署長を務めた。老衰にて83歳で死去。

○十番隊組長　原田左之助（1840～1868）

流山に向かう途中、永倉とともに新撰組を離脱。靖共隊を結成し会津で戦うが、そこからも離脱した。江戸に戻って彰義隊に参加する。1868年7月4日の上野戦争で負傷し、2日後に運び込まれた神保山城守邸で死亡。なお、大陸に渡って馬賊の頭目になったという伝説もある。

最後に、新撰組の最後の局長についても紹介する。

○相馬《そうま》主計《かずえ》（1843〜?）

鳥羽伏見の戦いの少し前に入隊した相馬は、箱館戦争では当初、陸軍奉行添役として土方を補佐した。土方の戦死後に新撰組局長に就任し、戦争後は新島に流罪となった。のちに赦免され、新島で結婚した妻と東京に戻るが、切腹して死んだとされる。

1868年▼上野寛永寺の彰義隊が壊滅

朝敵になった皇族「輪王寺宮」。その後の波乱万丈すぎる生涯

北白川宮能久《きたしらかわのみやよしひさ》
（1847-1895）

戊辰戦争において、朝敵となった旧幕府軍のなかに皇族がいた。上野戦争で敗れて東北に逃れ、奥羽越列藩同盟に盟主として擁立された輪王寺宮《りんのうじのみや》である。輪王寺宮とは、

日光山輪王寺の門主と上野東叡山寛永寺の貫主を兼任する僧籍の名で、江戸時代には皇族出身者が代々その役職を務めた。本名は能久親王といい、伏見宮家の出身であった。

1868（慶応4）年2月、寛永寺に住んでいた輪王寺宮のもとに、謹慎となった徳川慶喜と旧幕府軍がやってくる。新政府軍が迫ると慶喜は水戸へ退去し、旧幕府軍は彰義隊を結成してそのまま上野に残った。

そして7月4日未明、大村益次郎が指揮する新政府軍が上野の山にこもる彰義隊を攻撃した。「輪王寺宮を警護する」という名目で抵抗するも、圧倒的な兵力差の前に彰義隊は1日であっさり壊滅。輪王寺宮は新政府軍の追っ手をかいくぐり、品川沖から旧幕府艦隊に合流して東北を目指した。いつの間にか旧幕府軍の一員となってしまったのだ。

一行は約2週間後に常陸（茨城県）の平潟港に上陸し、ここから会津、米沢、仙台、白石と転戦している。輪王寺宮は、仙台藩や米沢藩を中心に結成された奥羽越列藩同盟の盟主として擁立された。やがて仙台藩が降伏すると、輪王寺宮は新政府軍へ謝罪状を送って保護され、京都の実家で蟄居となり、親王の身分も取り上げられてしまった。

すでに十分に紆余曲折があるが、その生涯はさらに波乱続きだ。1870（明治3）

年に天皇の命で還俗し、プロイセン（ドイツ）に留学。ドイツ語を学びドイツ軍での実習のあと、陸軍大学校に入学した。留学中に北白川宮家を継いで北白川宮能久親王を名乗る。

そして、なんと現地でドイツ人貴族の未亡人と恋に落ち、明治政府に結婚の許可を申請したのである。皇族が外国人の未亡人と婚約するなど前代未聞だ。政府から急遽帰国を命じられたため、能久親王の恋が成就することはなかった。

帰国後、能久親王は帝国陸軍で少将、中将と順調に昇進。1895（明治28）年に第4師団長として台湾の治安維持のため出征した。ところが、着いてすぐにマラリアにかかり、10月28日に48歳で薨去する。外地で死んだ初の皇族となった。

千代田区北の丸公園には、このドラマチックすぎる生涯をすごした能久親王の銅像が立っている。ひ孫にＪＯＣ会長の竹田恒和がおり、その息子（玄孫）は恒泰だ。

1867年▼徳川慶喜が大政奉還

幕末の徳川で中核をなした四兄弟。敵味方に別れたのち、再会

徳川慶勝《とくがわよしかつ》
(1824-1883)

徳川茂栄《とくがわもちはる》
(1831-1884)

松平容保《まつだいらかたもり》
(1835-1893)

松平定敬《まつだいらさだあき》
(1846-1908)

67ページに掲載しているのは、1878(明治11)年9月3日、銀座2丁目の二見《ふたみ》朝隈《あさくま》写真館で撮影された写真だ。ここに写っている洋装の穏やかな表情の4人の男性は、実の兄弟である。右から元尾張藩主・徳川慶勝、一橋徳川家当主・徳川茂栄(茂《もち》徳《なが》)、元会津藩主・松平容保、元桑名藩主・松平定敬だ。この4人は尾張藩の支藩である高須藩主・松平義建《よしたつ》の子で、「高須四兄弟」と称された。

壮年になっても仲の良さそうな四兄弟は、幕末にそれぞれの思想・立場から敵味方となり、そして勝者と敗者となった。まずは、彼らの足跡をそれぞれ振り返ってみよう。

最年長の徳川慶勝は、義建の次男として生まれた。1849(嘉永2)年に本家の尾張徳川家を継ぎ、14代藩主となった。もともと攘夷論者で勤皇思想のあった慶勝は、

左から松平定敬、松平容保、徳川茂栄、徳川慶勝。1878年9月に銀座で撮影された

開国を決定した大老の井伊直弼と対立し、「安政の大獄」で藩主から降ろされて謹慎させられた。

代わって15代藩主となったのが義建の五男で高須藩主だった徳川茂徳だ。茂徳は佐幕派の家老・竹腰正富を重用して慶勝の側近を蟄居処分とした。こうして、尾張の藩論は佐幕に傾いていく。

井伊直弼が暗殺されて1862（文久2）年に慶勝の謹慎が解かれると、尾張藩内では慶勝側の勤皇派が盛り返した。勤皇派と佐幕派の対立で藩政は混乱し、茂徳は藩主を辞した。16代藩主には慶勝の三男・義宣《よしのり》が就いている。こうして、藩論はふたたび慶勝の勤皇に傾いた。

慶勝が謹慎を解かれたのと同じ年、義建の七男で会津藩に養子に入っていた松平容保が藩主となった。京都守護職に就任したのも同年である。容保は、翌年から治安維持のために新撰組を用いて幕府に従わない志士を鎮圧した。また、一橋慶喜が将軍となったことで空席となっていた一橋家当主に、容保は兄の慶勝とともに、茂徳を推薦して相続させた。このとき茂徳は一橋茂栄と名前を変えている。

容保のすぐ下の弟である松平定敬は、桑名藩に婿入りして藩主の座に就いた。1864（元治元）年には、幕府と朝廷とのパイプ役であり、容保を補佐する役回りでもある京都所司代に就任している。この年、長州藩の急進派が容保を排除するため挙兵したが、容保は弟の定敬や薩摩藩と協力してこれを撃退している（禁門の変）。

その後、長州征討が行なわれ、その総督に慶勝が選ばれた。慶勝は長州藩が恭順を示したので家老3人の切腹などの軽い処分ですませている。

兄弟のなかでも、慶勝と佐幕派にまつり上げられた茂徳（茂栄）は行きがかり上対立した。さらに容保と定敬は、自藩がもともと強烈な佐幕派であったことからその影響下で動いたのである。

●一途な忠義が分けた勝敗

時は流れて1867(慶応3)年11月、将軍・慶喜が政権を返上(大政奉還)した。続いて12月に王政復古の大号令が出される。慶勝は新政府の議定職となり、御所の警備を担当することとなった。翌年1月2日、新政府軍と旧幕府軍がついに激突した。鳥羽伏見の戦いである。

この戦いでは、朝廷に官軍のお墨付きをもらった薩長を中心とした新政府軍が大勝。会津藩や桑名藩が朝敵となった。大坂にいた徳川慶喜は、徹底抗戦を主張する容保や定敬を強引に連れ出し、海路で江戸に向かう。慶喜は到着するや否や寛永寺で謹慎。容保は会津に帰った。朝敵となったことから桑名に戻るのは危険と考えた定敬は、桑名藩領の越後(新潟県)柏崎に向かっている。

一方、慶勝は尾張藩内の佐幕派を粛清して藩論を勤皇に統一。つまり、新政府軍に味方したのだ。さらに、周辺の藩を説得して新政府軍の東征を助けた。

柏崎に滞在していた定敬のもとには桑名藩軍の主力が集結し、新政府軍と激しく戦った。敗戦後、定敬は柏崎から容保のいる会津に向かう。会津もまた新政府軍の猛攻にあってついに降伏。容保は鳥取藩に預けられることとなった。

そこで定敬は、会津から米沢、福島を経て、仙台で榎本艦隊に合流し箱館に渡った。ただし新政府軍の本格攻撃がはじまる直前に重臣に説得されて箱館から去り、横浜へ移る。そこからアメリカ船に乗って上海に密航したものの資金が足りなくなって、結局横浜に戻り、ついに新政府軍に降伏した。

戊辰戦争後、終始新政府軍として戦った慶勝には1万5000石の褒美が与えられた。賊軍の将である容保はのちに許され、1880（明治13）年に日光東照宮の宮司となる。

定敬は恩赦を受けたあと、桑名城の天守跡に戊辰戦争の招魂碑を建立した。晩年は容保と同様に日光東照宮の宮司を務めた。一橋家当主となった茂栄は、戊辰戦争ののち徳川家の代表として新政府と交渉を行ない、徳川家の存続に尽力した。

冒頭の写真に話を戻そう。そこにはひとりの勝者と3人の敗者が写っている。この日、彼らは何を語ったのだろうか。

1868年▼庄内藩が新政府に降伏

戊辰戦争で賊軍とされた立見尚文は、負け組なのに「無敵」と呼ばれた!?

立見尚文《たつみなおふみ》
(1845-1907)

一度貼られたレッテルを剥がすのは難しい。戊辰戦争で旧幕府軍に与した諸藩は、賊軍のレッテルが貼られ、政府内での立場は低いものとなった。だが、そんな立場でありながら軍人としての才能を開花させ、異例の出世を遂げた者もいる。そのひとりが桑名藩出身の立見尚文である。

立見は戊辰戦争を戦い抜いた猛者だ。大鳥圭介《おおとりけいすけ》のもとで宇都宮城攻めに尽力。続いて、桑名藩兵からなる「雷神隊」を率いて北越戦争に参戦し、河井継之助《かわいつぎのすけ》率いる長岡藩部隊を、ゲリラ戦法を駆使して助けた。しかし長岡藩は新政府軍に敗れ、桑名藩兵も他の旧幕府軍とともに会津若松に敗走する。会津戦争でも敗北を喫した立見は、庄内の寒河江に転戦。奥羽越列藩同盟で最後まで戦った庄内藩が降伏したことで立見も武装解除し、投降した。

謹慎処分となった立見は、1870（明治3）年1月に赦免となり、新政府に出仕することとなった。5年ほど司法省で下級判事を務めていた立見のもとに、ある日突然、陸軍から任官の辞令が出された。

当時、散髪脱刀令などの新政府の政策に不満を抱いた不平士族が続出した。立て続けに「佐賀の乱」「神風連の乱」「秋月の乱」「萩の乱」などの反乱が勃発し鎮圧に苦慮した新政府は、北越戦争で獅子奮迅の戦いを見せた立見を登用したのだ。

1877（明治10）年、不平士族に担がれた西郷隆盛が挙兵し西南戦争が起こる。立見は少佐として新撰旅団一個大隊を指揮して勝利した。会津や桑名などの出身者にとって、薩摩兵と戦うことはまたとない機会。そして汚名返上の場となった。以降、立見は軍人として実績を積み重ねていく。

日清戦争では、陸軍少将となった立見が一個旅団を率いて朝鮮半島に渡り、戦功をあげる。戦後は陸軍大学校校長、台湾総督府軍務局長も歴任。そして陸軍中将に昇進し、第8師団長となった。桑名藩の一兵卒出身としては異例の男爵を叙位されている。

日露戦争では、第8師団を率いて満州で戦った。この戦争での趨勢を決めた戦いのひとつが、奉天の南で行なわれた黒溝台の戦いだ。日本軍には騎兵部隊を指揮する秋山好古《よしふる》がいた。秋山も賊軍となった伊予藩の出身で、世界最強と謳われたロシアのコサック騎兵隊を撃破して、のちに陸軍大将にまでなった人物だ。

第8師団は秋山の援軍として派遣された。立見は第8師団2万でロシア軍を夜襲するという奇策に出た。ここで北越戦争でのゲリラ戦の経験が役に立った。ロシア軍は撤退し、日本軍は黒溝台奪還に成功。後の奉天会戦勝利につながる重要な戦いを制したのだ。

戦後、立見は陸軍大将に昇進し、東洋一の用兵家と称えられた。西南戦争から日清、日露にかけて無敵を誇り、実際に「無敵の将軍」とも呼ばれている。

●小倉、会津など負け組から出世した軍人

立見のほかにも、賊軍とされた藩から優秀な軍人が出ている。佐幕派の小倉藩出身の奥保鞏《おくやすかた》は、日露戦争で陸軍第二軍司令官として参戦した。64歳で元帥となっているが、薩長出身者や皇族以外、そして賊軍出身で元帥となったのは奥がはじめてである。

会津藩出身者では、海軍大将となった出羽重遠《でわしげとお》（147ページ）がいる。出羽は白

虎隊の生き残りで、戊辰戦争後に海軍兵学寮を卒業し、「赤城」艦長となった。日清戦争では西海艦隊参謀長として活躍し、海軍大佐への昇進とともに連合艦隊参謀長となった。日露戦争では第三艦隊司令官として参戦。戦後、薩摩出身者や皇族以外からはじめて海軍大将となっている。

彼らは賊軍出身というハンデをもろともせず、その実力をもって軍の薩長閥を黙らせたのだ。

1868年▼会津藩が降伏

敗れたからこそわかる気持ち……俘虜収容所長・松江豊寿の会津魂

松江豊寿《まつえとよひさ》
(1872-1956)

第一次世界大戦で日本は、中国の山東半島にあったドイツの拠点である青島要塞を攻略した。この勝利により、ドイツの有していた中国における権益を取得している。

青島陥落により生まれた4715名のドイツ人捕虜は、日本に護送され徳島や大阪などの俘虜《ふりょ》収容所に振り分けられて収監された。その3年後には徳島県板野郡坂東町（鳴門市大麻町桧）にあった坂東俘虜収容所など6カ所に再編成される。

この坂東俘虜収容所は、捕虜に自由があることで知られた。朝晩の点呼以外はほとんど自由であり、外出して散歩に興じることもできた。所内ではドイツ語の新聞が編集発行されており、農業や畜産も自主的に行なわれていた。商店やレストランまで存在し、希望者にはアルバイトが斡旋された。とても捕虜への待遇とは思えない寛大な処置だ。

一方で、日本人は捕虜から技術指導を受け、ビール醸造やソーセージ・パンの製法、楽器演奏などの技術が伝わった。

ドイツ人捕虜たちがこのような人道的扱いを受けられたのは、所長であった松江豊寿の方針によるものである。松江は戊辰戦争で敗者となった会津の武家出身であった。明治時代になってから生まれたが、敗戦で背負った賊軍の汚名に苦しんでいた。

敗戦直後の会津では、見せしめのために戦死者の埋葬が禁じられた。藩そのものは荒涼とした下北半島の斗南《となみ》に転封となり、多くの藩士が寒さや飢えで死んでいる。

苦労してエリート軍人となった松江も、会津藩士の艱難辛苦の歴史を知っていた。だからこそ、敗者となったドイツ人捕虜に会津の姿を重ねあわせたのだ。松江は収容所が開かれるとき、「武士の情け、これを根幹として俘虜を取り扱いたい」と部下に語ったという。

第一次世界大戦が終了すると、1920（大正9）年、ドイツ人捕虜は帰国することとなった。その際、捕虜たちは松江や坂東村民に感謝を示す演奏会を催した。演奏されたのは、ベートーベンの交響曲『第九』。全曲が日本で演奏されたのはこのときが初めてであった。帰国したドイツ兵たちは「バンドーの会」をつくって収容所生活をなつかしんだという。また村民とドイツ兵の交流は子孫にも伝わり、現在も鳴門市との交流が続いている。

その後、松江は陸軍少将まで昇進し、1922（大正11）年には郷里の若松市長となった。もちろん、市民には大いに支持されたという。

1869年▼五稜郭の旧幕府軍が降伏

幕府軍として最後まで抵抗した榎本武揚は、なぜ新政府で重用されたのか？

榎本武揚《えのもとたけあき》
(1836-1908)

国内初の西洋式城郭「五稜郭」に籠った榎本武揚率いる旧幕府軍が新政府軍に降伏し、箱館戦争が終わった。これをもって戊辰戦争は終結した。

投降した榎本は大鳥圭介《おおとりけいすけ》とともに東京に護送され投獄、斬首を待つ身の上となった。

箱館での降伏の3日前、榎本は新政府軍にオランダ留学の際入手した海上国際法の本『万国海律全書』2冊を贈っていた。覚悟を決めた榎本は、この法律書が未来の日本に必要不可欠のものだと考え、自分とともに失われることをよしとしなかったのだ。

明治時代の榎本武揚

榎本は、幕府直轄の昌平坂学問所で学んだ俊才であった。オランダ留学時にはイギリスやフランス、デンマークなども視察し、当時の日本人で随一の国際感覚を有していた。

そしてこのことが、榎本の命を救った。『万国海律全書』を受け取った新政府軍参謀の黒田清隆が、榎本の憂国の心意気と外交の才能を高く評価し、助命嘆願したのだ。黒田は頭を剃って首に数珠をかけ、関係各所をまわって頭を下げたという。

獄中での榎本は、漢書や洋書の科学書などを読みふけり、少年囚に勉強を教える講師のようなこともしていた。

木戸孝允《たかよし》をはじめ長州閥は榎本の処刑を推したが、福沢諭吉や薩摩閥の黒田と西郷隆盛の尽力により、1872（明治5）年1月6日、榎本は特赦にて晴れて出獄した。

当時、北海道開拓使の次官であった黒田は、さっそく榎本に声をかけ、因縁深い北海道に呼び寄せた。榎本は北海道で開拓使に出仕。そこで地質や気象などを調査し、空知《そらち》炭田を発見したほか、厚岸《あっけし》で塩の加工、広尾・浦川では穀類や麻、タバコなどの栽培が期待できるとの報告書を提出し、北海道の産業発展に貢献した。

さらに榎本は1874（明治7）年にロシア派遣特命全権大使に任命され、樺太領有問題に携わる。ロシアの首都ペテルブルグに交渉に赴き、「樺太・千島交換条約」を結んだ。
1885（明治18）年に内閣制度が発足すると、榎本は逓信大臣となる。続く黒田内閣では農商務大臣も兼務した。その後も文部大臣や外務大臣を歴任し、1887（明治20）年には子爵となった。最後まで戦った幕臣・榎本は2冊の本で命を救われ、その心意気で負けを払拭したのだ。

1869年▼五稜郭の旧幕府軍が降伏

五稜郭で降伏としゃれこんだ大鳥圭介。語学力と技術的知識で大出世！

大鳥圭介《おおとりけいすけ》
(1833-1911)

医師の緒方洪庵《おがたこうあん》が開いた大坂の適塾で蘭学を学び、江戸で軍学や砲術学を、ジョン万次郎から英語を学んだ大鳥圭介は、軍学者として幕府に登用された。その後、歩兵頭並から将官クラスの歩兵奉行まで順調に昇進し、洋式陸軍部隊「伝習隊」のリーダーとなる。

江戸城が新政府軍に接収された1868（慶応4）年4月11日、大鳥率いる伝習隊は、江戸を脱出し、新撰組など旧幕府軍とともに下総（千葉県）の国府台《こうのだい》に集結した。旧幕府軍は、大鳥を隊長、土方歳三を参謀とし、徳川の聖地・日光で再起しようと北上する。

旧幕府軍は、小山で薩長軍を破り宇都宮城の奪還に成功。ところが新政府軍の援軍が到着すると形勢が逆転し、旧幕府軍は宇都宮城を捨てて日光街道を通って会津へ逃げた。大鳥は重要地である母成峠《ぼなりとうげ》の守備を任されるも新政府軍に突破され、会津若松城は落ちた。伝習隊は全滅を免れて仙台に転進。ここで榎本武揚の艦隊と合流して蝦夷地に渡る。

蝦夷地に入った旧幕府軍は五稜郭や松前城を落とし、榎本を総裁とした箱館政権を樹立。大鳥は陸軍奉行に就任した。ただ、新政府軍との戦力差は埋めがたく、やがて戦闘継続は困難になった。榎本は、死ぬことで憂国の真意を知らしめようと最終決戦を提案する。

ここで歴戦の猛者・大鳥は「死のうと思えばいつでも死ねる。今度は、ひとつ降伏としゃれこもう」と言い放った。その一言で、箱館政権は新政府への降伏を決めたのだ。

戦後、大鳥は榎本とともに東京に護送され投獄されたが、その才能を惜しんだ黒田清隆の助命嘆願のおかげで、1872(明治5)年1月6日に榎本とともに放免される。北海道開拓使次官であった黒田に呼び寄せられ、榎本とともに北海道で開拓使に出仕した。

人材不足であった新政府は、元幕臣ながらもオランダ語や英語、フランス語が話せる大鳥を重宝した。大鳥は欧米に派遣され、兵器や造船など最新の工業製品の工場を視察している。帰国後は工部省に出仕し技術官僚となり、海外で学んだ工業技術を活用した殖産興業に尽力することとなった。

さらに大鳥は1877(明治10)年に東京大学工学部の前身である工部大学校の初代校長に就任、続いて学習院院長となる。さらに駐清特命全権公使、朝鮮公使を兼任し日清戦争開戦前の外交交渉にも携わる。晩年は枢密院で顧問官となった。

技術立国ニッポンの基礎をつくったのは、負け組から復活した大鳥圭介だったのだ。

2章

しぶとく生きのびた、執念の「その後」

901年▼菅原道真、大宰府に追放

学問の神様の子孫は、学者一族として細々と存続した！

菅原道真《すがわらのみちざね》
(845-903)

宇多天皇に大いに気に入られた菅原道真はその教養の高さから、右大臣に昇進した。しかし、その才能と出世を警戒する藤原時平、源光《みなもとのひかる》らの讒言を信じた醍醐天皇により、901（昌泰4）年に右大臣の任を解かれ、九州の大宰府行きを命じられた。

道真は妻子と引き離され、左遷というより流罪に処せられたような不自由な生活を強いられた。京都へ戻ることを許されず、2年後に亡くなってしまう。

ところが、道真が亡くなってから、洪水や疫病などの異変が相次いだ。道真を陥れた時平が909（延喜9）年に病死、4年後に光も泥沼にはまって溺死、醍醐天皇の皇子も次々に急死してしまう。これは道真の怨霊によるものと噂が広まる。

凶事はなおも続き、930（延長8）年には、宮殿を落雷が直撃し、多くの者が死亡した。醍醐天皇も心労から病に倒れて亡くなっている。

災難が続く中で、朝廷はなんとか怨霊を鎮めようと努めた。道真に右大臣の職を戻すとともに、「天満大自在天神」として奉っている。これが京都にある北野天満宮のはじまりである。また、処罰された道真の息子たちを許し、長男の高視《たかみ》や五男の淳茂《あつしげ》を従五位に任じるなど厚遇した。

相次ぐ凶事が、怨霊によるものかどうかは別として、道真とその一族の名誉は回復した。道真の子孫は、このあと歴史の表舞台にこそ出なかったが、文化人として存続している。特筆すべきは、高視の息子・文時《ふみとき》だ。最終的に従三位にまで昇進し、「菅三品」と称された。名文家としても知られ、村上天皇に「意見封事三箇条」を示し、同時代の多くの文人が教えを受けたという。

また、道真の死後100年近くたって記された貴族の娘の回想録『更級日記』の著者は、道真の子孫で孝標《たかすえ》の娘とされている。

菅原家は六家に分かれ、昇殿を許された堂上家として宮中に仕え続けた。

なおも時代が下り、戦国時代では前田利家が、明治時代では大隈重信が、自分は道真が大宰府にいたとき生まれた子の子孫であると称しているが、真偽は不明である。

ちなみに道真が一生を終えた九州の太宰府天満宮は、分家のひとつ西高辻家が宮司に任じられ、現在まで継承されている。

1439年▼足利持氏、永享の乱で敗死
室町幕府とたびたび対立した鎌倉公方、その家系は明治維新まで粘っていた！

足利成氏《あしかがしげうじ》
(1434-1497)

室町時代のはじめ、京都に本拠をかまえる幕府は関東を治めるため、鎌倉の浄明寺に鎌倉府を設置した。2代将軍・足利義詮《よしあきら》の弟である基氏《もとうじ》がその長官である鎌倉公方に任じられ、以後、子孫に引き継がれた。しかし、4代目の持氏《もちうじ》は室町幕府に反抗する態度をとるようになった。公方を補佐する関東管領の上杉家との対立もあいまって、1438（永享10）年、永享の乱が勃発する。

6代将軍・足利義教《よしのり》は討伐軍を送り、持氏の軍勢を撃破。追いつめられた持氏は出

おもな公方とその拠点

関東の各地に公方が存在し、関東管領の上杉家もふたつあった

家して許しを乞うたが、嫡男・義久とも ども切腹させられた。

　こうして永享の乱は終息したが、北関東に勢力を持つ結城《ゆうき》氏朝《うじとも》が逃げてきた持氏の次男と三男を迎え入れ、幕府に戦いを挑んだ。これが1440（永享12）年の結城合戦だ。

　結局、氏朝は打ち破られた。持氏のふたりの息子は捕らえられ、京都へ護送される途中で処刑された。反乱分子は片づいたかに見えたが、持氏にはもうひとり息子がいた。戦いに加わらなかったことで命を助けられた成氏である。

　永享の乱のあと鎌倉公方は10年ほど不在となるが、1441（嘉吉元）年に義教が殺害されると、幕府は関東の統治を安定させるため成氏を鎌倉公方に復帰させている。その成氏は父の仇である上杉家に対する恨みを忘れていなかった。1454（享徳3）年に上杉家の当主・憲忠《のりただ》を討ち取ったことで、新たな抗争が勃発。幕府の追討軍が到着すると成氏は下総（茨城県）古河に本拠を移し、抵抗を続けた。成氏の子孫は、本拠地の名前をとって「古河公方」と称されるようになった。

幕府は8代将軍・義政の弟である政知《まさとも》を新しい鎌倉公方とし、伊豆に館をかまえさせた。これが「堀越公方」である。このあとも上杉家や関東各地の武士が双方に味方して、抗争は30年も続いた。ところが幕府は、1467（応仁元）年から10年以上続いた応仁の乱によって、それ以上介入する力を失う。

●応仁の乱後も残った公方

1482（文明14）年に、義政の仲介により、成氏は改めて鎌倉公方の地位を認められ、堀越公方には伊豆の領有を認めるという和睦が成立した。長い戦乱で成氏は力を使い果たし、鎌倉へ戻ることなく古河で63歳の生涯を終えた。このあと新興の北条早雲が堀越公方を滅ぼし、その子孫が関東の大部分を支配する。

成氏の死後、息子の政氏とその子・高基《たかもと》が対立する。この混乱に乗じて高基の弟・義明が独立し、「小弓公方《おゆみくぼう》」を名乗る。

先の和睦から1世紀以上を経て、豊臣秀吉が関東を平定した。そのはからいによって古河公方の末裔である氏姫が小弓家に嫁ぎ、公方の家は統一された（喜連川《きつれがわ》家）。ただし氏姫は古河公方の意地を通し、わずかに残る所領から離れなかったという。

喜連川家は明治時代まで存続し、子爵となっている。持氏の鎌倉公方就任から400年以上……粘り勝ちしたといえるだろう。

1550年▼小笠原家、信濃追放

30年以上も諸国を放浪したのち大名に返り咲いた小笠原氏の執念

小笠原貞慶《おがさわらさだよし》
（1546-1595）

芸は身を助けるということわざがあるが、一芸に秀でて、それで身を立てられるにもかかわらず、なおも大名への復帰に生涯をかけたのが信濃（長野県）の小笠原家である。源氏の血筋で弓術や馬術、礼法と諸芸で知られた小笠原流を代々継承してきた名門だ。その作法は武家の貴重な故実として、大名のみならず将軍家からも一目置かれていた。

ところが実戦では振るわなかった。1550（天文19）年、武田信玄の信濃侵攻によって領地を奪われると、当主・長時やその息子の貞慶は、越後（新潟県）を経て、京都へ身を寄せる。小笠原家は、礼法の師範として生きるという選択もありえたが、この親子は大名への復帰をあきらめなかった。有力大名に援助を求めるため、越後、奥州と各地を渡り歩く。信濃を追われてから30年近く経つと、長時は隠居して貞慶が当主についた。

1582（天正10）年、ようやく機会が訪れた。仇敵の武田家が弱体化したのである。小笠原家は徳川家康の配下に加わり、信濃の深志城を攻め落とすことで、大名復帰の第一歩を踏み出す。

だが苦難は続く。同じころ奥州の葦名《あしな》家に世話になっていた長時が、ささいなことから家臣に殺害されてしまった。続いて1585（天正13）年、徳川家で、家康の重臣・

石川数正が豊臣秀吉の許へ出奔する事件が起こった。このとき小笠原家は、貞慶の嫡男・秀政を連れ去られたことから、数正とともに秀吉へ鞍替えすることになる。5年後に徳川家に戻っているが、この件で家康の心証を悪くしたことは否めない。

それでも徳川家が関東に国替えをした際に3万石を与えられ、家康の孫娘が秀政に嫁ぐなど信頼を得ていく。ちなみにその孫娘は、武田家に通じた疑いをかけられ切腹した長男・信康の娘にあたる。貞慶は小笠原家の大名復帰を見届けたのち、秀政に家督を譲った。

1615（元和元）年、大坂夏の陣において、小笠原家は、徳川方の先方として激しく戦った。何としても徳川家への忠誠を示そうと一歩も退かず、秀政や嫡男の忠脩《ただなが》が戦死するなど大きな犠牲を払った。忠脩の弟・忠真《ただざね》は生き残ったが負傷している。家康は小笠原家の戦いぶりを賞し、忠真は豊前（福岡県）小倉15万石に加増された。小笠原家の執念が実ったのだ。こうして復活した譜代大名の小笠原家の血筋は、小笠原流の伝統とともに現代までしっかり続いている。

1568年▼南近江の観音寺城が陥落

信長の追跡を逃れ、豊臣秀頼の弓矢の師範となっていた六角義治

六角義治《ろっかくよしはる》
(1545-1612)

源氏の流れをくむ南近江（滋賀県）の六角家は、城を失ったあとも仇である織田信長に抵抗を続けた。その執念は呆れるを通り越して、感心させられる。

1568（永禄11）年、信長が京都への上洛において自身に従うことを命じたとき、当主の六角義賢《よしかた》がこれを拒否したため、攻め込まれてしまう。居城の観音寺城はたった1日で陥落。義賢は子の義治や義定《よしさだ》と、かろうじて観音寺城を脱出した。

このとき六角親子は許されたのだが、2年後に再度信長に反旗をひるがえす。足利義昭の呼びかけに応じ、一向宗らと信長包囲網を形成したのだ。信長と戦うにあたり、以前から敵対していた北近江の浅井家とも手を組んでいる。

義賢は残っていた山城で戦う一方、鉄砲の名人・杉谷善住坊《ぜんじゅぼう》を雇って信長を狙撃さ

せるが失敗した。義治と義定は、父の名代として各地に飛び、ときには織田家の領内を通過して甲斐（山梨県）の武田家に赴くこともあった。

しかし信長の勢いは止まらず、1574（天正2）年には、六角家の城がすべて織田軍の手に落ちてしまう。六角親子はかろうじて落ちのび、戦う兵も城もなくなったものの、なお抵抗を止めなかった。当然、信長は怒り、厳しい追跡がはじまった。先に信長を狙撃した善住坊は捕らえられ、のこぎりで首を切られる刑で殺害されている。

1582（天正10）年春、義定は甲斐の恵林寺にかくまわれていた。そこへ信長の軍勢が押し寄せ、引き渡しを要求した。恵林寺がこれを拒否すると、寺ごと焼き討ちに処せられた。寺と運命をともにした僧・快川《かいせん》が「心頭滅却すれば火自ずから涼し」と唱えたのはこのときとされる。もっとも、義定自身は逃げおおせた。

六角義定が潜伏した恵林寺（山梨県）

こうした追跡は、2カ月後の本能寺の変によってピリオドが打たれた。その後、豊臣秀吉はかつて戦った六角親子の罪を許し、弓矢を教える役目を与えて召し抱えている。義賢は秀吉と同じ1598（慶長3）年まで長生きした。

義治は秀吉の息子・秀頼にも弓矢の師範として仕えた。1612（慶長17）年に亡くなったが、2年後の大坂の陣を待たずして畳の上で平穏に余生を終えたことは、幸運と言えるだろう。

1569年▼今川氏真、徳川家康に降伏

暗君の代表格・今川氏真がかつての臣下・家康に仕えたという事実

今川氏真《いまがわうじざね》
（1538-1615）

桶狭間の戦いで織田信長に討たれた今川義元《よしもと》、その息子の氏真は、「バカ殿」の代名詞として見られがちであるが、本当にそのとおりだろうか。

父が討たれたあと、当主となった氏真は仇討ちに乗り出すどころか、蹴鞠や和歌にいそしむばかり。今川に従っていた三河（愛知県）の松平（徳川）家康、長く同盟関係にあった甲斐（山梨県）の武田信玄にも見限られ、家臣たちも離反する者が続出している。1568（永禄11）年から翌年にかけて、遠江（静岡県）を家康に、駿河（静岡県）を信玄に奪い取られてしまう。領地を失った氏真は、正室の実家である後北条家を頼った。

北条家は最初は氏真に援軍を差し向けるなど好意的であったが、当主の北条氏康が亡くなると、跡を継いだ氏政は駿河を奪った信玄と同盟を結ぶ。氏真はこれに反発して、妻子と北条家を出て、今度はかつての臣下である家康に助けを求めた。

家康は、戻ってきた氏真を受け入れた。多少なりとも恩ある義元の息子であることや、遠江を奪ったうしろめたさ、ほかにも今川家の家臣を取り込むため、室町幕府の将軍家に近い名家である今川家と京都の人脈を利用する意図などがあったらしい。

1575（天正3）年、氏真は仇敵・織田信長の領内を経由して、京都訪問を果たした。このとき父の仇である信長と対面し、望まれて蹴鞠の技を披露したそうだ。

氏真は家臣として役に立たず、家康から城を任されたこともあったが1年で解任されてしまった。しかし、和歌や蹴鞠にはすぐれた才能を持ち、その方面で多くの文化人と親しく交流を続けている。

江戸幕府が開かれると、氏真の息子ふたりは旗本として徳川家に仕え、品川に屋敷と500石を与えられた。以後、今川家は古くからの儀式や礼式を勤める高家として、代々幕府に仕えた。氏真の孫・直房は、幕府と朝廷の交渉にあたったことを賞され、左近衛少将に任じられた。じつはこれが今川家歴代の最高位である。

氏真は1615（慶長19）年に77歳で亡くなった。若くして大名の座を失ったが、和歌などの趣味を楽しみながら長生きしたことは、従兄弟で同世代の氏政や武田勝頼にくらべると幸せな生涯であった。大名としては不合格だが、多くを望まず才能を活かして生き、家を存続させただけでもマシなのかもしれない。

1573年▼足利義昭、京都から追放

じつは京都に戻り大名になっていた！足利義昭の意外な後半生

足利義昭《あしかがよしあき》
(1537-1597)

室町幕府は、１５７３（天正元）年に足利義昭が織田信長によって京都から追放され、事実上終わりを告げた。しかし、義昭自身の戦いはその後も長く続いている。

幕府再興の野望を捨てていなかった義昭は、追放から3年後、毛利《もうり》輝元《てるもと》の招きで備後（広島県）の鞆《とも》の浦にいた。そこで各地の大名に信長討伐を命じる手紙を送り続け、上杉謙信や石山本願寺は呼びかけに応じている。義昭の地位は征夷大将軍のままであり、依然として高いカリスマ性を有していたからだ。

反信長の勢力はしぶとく抵抗するが、１５７８（天正6）年に謙信が急死し、１５８０（天正8）年に石山本願寺が信長と講和するなど、しだいに不利な状況となっていく。毛利家の領内にも羽柴秀吉が侵入し、義昭に危機が迫った。

ところが１５８２（天正10）年、本能寺の変で状況が一変する。かつて義昭に仕えていた明智光秀の謀反に義昭が喜んだのは言うまでもない。日記には「今度、織田の事、天命遁れ難くに依り自滅候」と記されている。ただしその後は周知のとおり……。義昭は秀吉の天下統一を傍観するだけだった。

１５８７（天正15）年、毛利を従えた秀吉が九州攻めをはじめると、義昭は抵抗する島津家に和睦をすすめている。さすがの義昭も、幕府再興をあきらめていた。

直後に義昭は京都へ戻ることを許され、1万石を与えられている。まさかの京都への返り咲きであった。秀吉は、もはや大した力を持たない義昭を滅ぼすよりも、寛大な処置をとって配下に取り込んだほうが権威を示すことができると考えたようだ。

15年ぶりに京都へ戻った義昭は将軍職を辞して出家し、名を昌山《しょうざん》と改めた。ここで、室町幕府は完全に滅亡する。

以後、義昭は秀吉の御伽衆となり、親しい関係を続けた。元将軍だけあって、諸大名からも丁重な扱いをうけたという。

こうして義昭は平穏な晩年を過ごし、1597（慶長2）年、61歳で病没した。斬り殺された兄の義輝《よしてる》をはじめとして、戦国時代の足利将軍は不幸な最期を遂げることが多かった。それを考えれば、義昭はかなり幸せな余生を送ったと言えるだろう。

なお、義昭の京都追放の際に1歳で出家した嫡男・義尋《ぎじん》は、還俗して足利家を継いだ。その子たちがふたたび僧侶の道を選んだため、足利家の直系はまもなく途絶えている。

「蛍大名」京極高次は、美人の妹のおかげで御家が再興できた？

京極高次《きょうごくたかつぐ》
(1563-1609)

戦国大名の京極高次は、「蛍大名《ほたる》」とあだ名された。蛍は、淡く優雅な輝きを放つが、ここでの意味は七光りである。その〝光源〟は、妹と妻であった。

室町時代から続く名門の京極家は、戦国時代の半ばに近江（滋賀県）の領国を周辺の大名たちに奪われた。幼くして当主となった高次は織田信長に仕えて家名を保っていたが、1582（天正10）年の本能寺の変で運命が変転する。高次は明智光秀に味方し、近江にある羽柴（豊臣）秀吉の長浜城を攻めた。直後に光秀が秀吉に滅ぼされると、越前（福井県）の柴田勝家に保護されるが、翌年に勝家も滅ぼされ、窮地に追い込まれた。

高次を救ったのは、若狭（福井県）の武田家に嫁いでいた妹（姉？）の竜子だ。竜子は夫を秀吉に殺されていたが、自分が側室になることと引き換えに高次の助命を訴えたのだ。秀吉はこれを容れ、高次と弟の高知を許し、家臣に加えた。

このあと、高次は秀吉の側室となる茶々の妹である初と結婚する。竜子と初、ふたりの女性との縁から豊臣家との結びつきが強まり、大津6万石の大名に取り立てられた。高知も信濃（長野県）飯田に6万石を与えられている。

竜子は世継ぎの秀頼を産んだ側室・茶々（淀君）に次いで、多くいる側室のナンバー2であった。子どもこそ生まれなかったが、秀吉晩年の花見の席で、秀吉の横に座るほど深い寵愛を受けている。高次は、合戦などで活躍したわけでなく、妹や妻の七光りによって家を再興した。だから蛍大名と揶揄されたのだ。

ただ、京極兄弟は1600（慶長5）年の関ケ原の戦いで東軍に属し、それぞれ活躍して七光りだけでないことを証明してみせた。

とくに高次は、琵琶湖近くの大津城に籠り、西軍1万5000の兵を釘づけにしている。

関ケ原の戦い当日に高次は降伏して高野山に入ったが、戦後、徳川家康は西軍の大軍を関ケ原に間に合わせなかった戦功を高く評価し、高次を大名に復帰させた。

戦後、京極家には、高次と側室の間に生まれた忠高に、家康三男の秀忠の四女・初姫が嫁いだ。こうして、京極家は徳川家とも親戚関係を結ぶ。その後1637（寛永4）年に世継ぎのいないまま忠高が死去して存続が危ぶまれたが、忠高の甥を養子に迎えて京極家は残った。

その子孫は幕府の要職につき、幕政に携わっている。

1590年▼北条氏政が切腹

天下統一の総仕上げとして滅ぼされた北条氏はひそかに大名に復帰していた!?

北条氏政《ほうじょううじまさ》
（1538-1590）

戦国時代末期、後北条家は、関東の多くを支配していた。しかし、1590（天正18）年、豊臣秀吉が20万の大軍で攻め込んできた。小田原攻めである。

北条家の実質的な当主・氏政は、天下の名城とうたわれた小田原城での籠城を選択したが、ついに降伏した。それまで秀吉に敵対した四国の長宗我部家や九州の島津家などは、戦後も国持大名として存続を認められていた。ところが、北条家には過酷な処分が下った。氏政とその弟の氏照、さらに重臣2人が切腹となり、領地はすべて没収された。

なぜ北条家が厳しい処罰を受けたのか。秀吉は、前から自分に従うよう勧告していたが、氏政らが拒絶し続けたために心証を悪くしていたのだ。もちろん、天下統一の総仕上げとして、見せしめの意味もあった。

負け組となった北条家最後の当主・氏直は、命をゆるされて一族の者たちと高野山に入り、翌年死んでいる。ここまではよく知られるが、じつは氏直が死ぬ前に、北条家は再興を認められていた。たまたま氏直が病に倒れて死んだために、滅亡したように見えるのだ。

氏直の死により、一族を束ねることになったのは、氏政の弟・氏規《うじのり》である。氏規は早くから天下の情勢を察して秀吉に従うことを氏政に進言していた。

ちなみに、氏規は幼いころ駿河（静岡県）の今川家に人質で送られたことがあり、そこで同じ人質の徳川家康と知り合った。屋敷が隣どうしであったことから、仲がよ

北条家の家系図

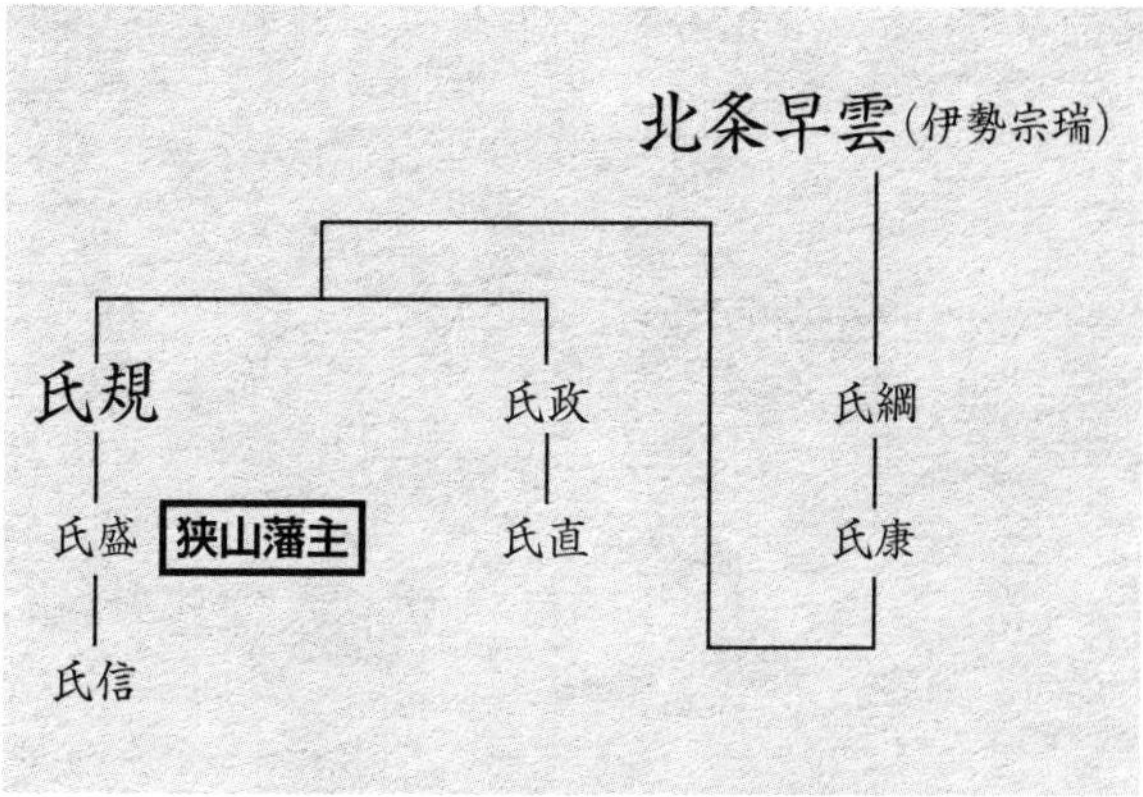

早雲を初代とする後北条氏。氏政の弟・氏規がその系譜を継いだ

かったと言われている。当時は、大名としての格は北条のほうがはるかに上。家康の実家である松平家は吹けば飛ぶくらいであったが、ふたりは人質でなくなってからも親交を重ねた。

再興された北条家は河内（大阪府）狭山に1万石を与えられ、小大名ながら復活。もちろんその陰には、豊臣政権でも重きをなした家康のとりなしがあったはずである。

1600（慶長5）年に氏規が病死すると、嫡男の氏盛《うじもり》が領地を継いだ。同年の関ケ原の戦いでは氏規の遺言に従って、家康に味方して領地を安堵されている。

江戸幕府が開かれてからは、狭山藩と

して認められた。1万石の小藩のため城を建てられなかったが、狭山池のすぐそばに藩の政庁となる陣屋を建てている。

氏盛が若くして亡くなり、次の氏信も早世すると一時は存続が危ぶまれたが、当時、外様大名の取り潰しに積極的だった幕府はなぜか狭山藩の存続を認めている。

理由は、北条家がかつて関東を治めていたとき、比較的に善政を敷いていたからだ。氏政の父・氏康は『北条衆所領役帳』を作成し、年貢の税率を四公六民とほかの大名にくらべて低くしていた。そのため家康が関東に移ったときに統治しやすかった。家康と氏規の親交をふくめて、取り潰すことを惜しむ声があったようだ。

さらに、北条一族や旧臣の多くが徳川家に仕えており、北条家を存続させる必要があったと言えるだろう。ただし狭山藩は1万石のまま。これといった産業もなかったため、財政面では苦労を強いられた。それでも内政の巧みさで幕末まで生き残り、明治になって爵位を授けられている。

1597年▼本多政重、徳川家を出奔

父にも兄にも見放された本多家の問題児が、なぜか加賀藩の重臣に⁉

本多政重《ほんだまさしげ》
（1580-1647）

徳川家康の信頼が厚く、参謀として知られた本多正信には、父を補佐した長男の正純《まさずみ》のほかに、次男の政重がいた。

この政重は武勇にすぐれていたが、家中で大事件を引き起こす。同僚の岡部荘八とけんかになり、勢い余って殺害して、徳川家を飛び出してしまったのである。荘八は、秀忠の乳母の息子であり、正信にもかばいきれなかった。

出奔したあと政重は、あろうことか家康と対立していた宇喜多秀家に召し抱えられ、1600（慶長5）年の関ケ原の戦いでは、かつての主君や同僚と戦っている。政重の立場はますます悪くなった。

ただ、政重の関ケ原での戦いぶりを評価する声が高く、大名たちから相次いで誘い

本多家の家系図

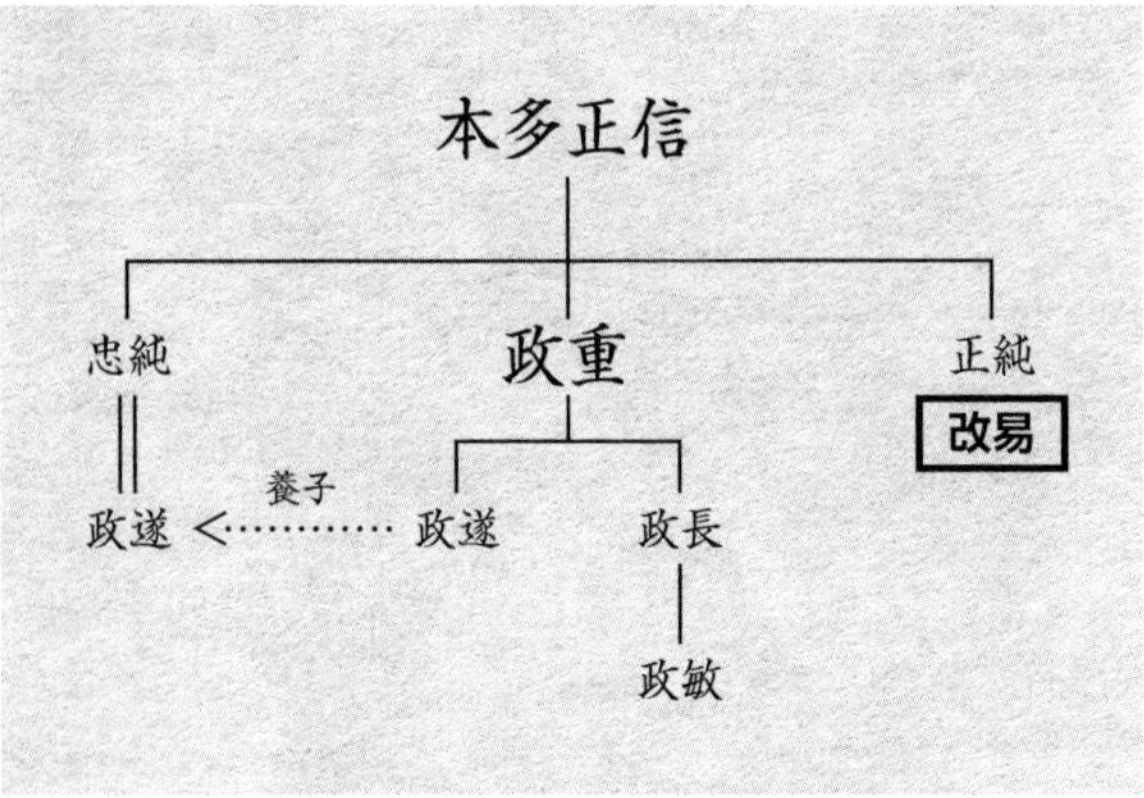

本多正信の嫡男・正純が改易されたあと、政重は系譜を継いだ

があった。福島正則に仕えたものの折り合いが悪くなって加賀藩主の前田利長のもとへ移り、さらに乞われて上杉家の重臣・直江兼続のもとへと渡り歩いた。

政重自身の武勇もさることながら幕府の重役である父・正信とのパイプ役として期待されたようだ。

政重は7年ほど直江家に仕えてから前田家に戻り、幕府との外交で活躍した。外様大名の加賀藩は謀反の疑いをかけられたり、越中（富山県）にある前田家の領地を差し出すよう要求されたりと、幕府から難題を吹っかけられていたが、政重が堂々と交渉を務めて解決した。

次の藩主の利常も政重を頼りとして

5万石を与えている。120万石以上を誇る前田家とはいえ、家臣の待遇としては破格だ。

政重を放置していた正信も、いつしか政重への見方を変え、政重も父を頼って親子は和解し、協力し合う関係になっていた。じつは政重は徳川家を出奔したときから、諸大名の様子を探る密命を受けていたという説もある。

正信の死後、正純が本多家を継ぐが、1622（元和8）年に謀反の疑いをかけられ、改易に処せられた。一方の政重は、2度にわたって妻と死に別れ、子どもが次々に亡くなるなど家庭運に恵まれなかったが、再婚を経て嫡男・政長が前田家から姫を迎えている。

政重の死後も本多家は代々、加賀藩の家老として仕え、5万石の所領と「政」の字を引き継いで幕末まで残った。明治時代になると、本多家も男爵に任じられている。

加賀藩の城下町、金沢において、本多家屋敷の場所は本多町と名づけられた。現在、本多家の品々を展示した加賀本多博物館など、ゆかりの場所もある。

問題児こそが、家の名前を後世に伝えることになったといえるだろう。

1615年▼織田有楽斎、大坂城から脱出

豊臣にも徳川にも通じ、文化人として生きのびた織田有楽斎の処世術

織田長益《おだながます》
(1547-1622)

織田信長の弟で、有楽斎《うらくさい》の名で知られる長益は、織田家の血を絶やすまいと必死に生きた名将か、保身のため親族を犠牲にした狡猾な策士か——評価は分かれる。信長の弟のひとりであるが、13歳も離れていた有楽斎の前半生には、注目されるエピソードや活躍がほとんどない。

1582(天正10)年の本能寺の変では、信長の長男・信忠に従って京都の二条城にいたが、急ぎ脱出して難を逃れている。このあと信長の次男・信雄《のぶかつ》に仕え他の大名との外交交渉などを務めた。若いときから茶を習い、名高い千利休に弟子入りして直接教えを受け「利休七哲」のひとりに数えられた。

甥の信雄は1590(天正18)年に、秀吉の国替えの命に逆らったことで所領を没

収されたが、長益は有楽斎と名を改め、秀吉の御伽衆として2000石で召し抱えられた。信長の弟で千利休の弟子でもあることから、秀吉も粗略には扱えなかったようだ。

1600（慶長5）年の関ケ原の戦いにおいて、有楽斎は息子をともなって東軍についた。戦場では石田三成の隊と戦い、敵将を討ち取るなどの功績をあげた。これを徳川家康に称され3万石を与えられている。

戦後、有楽斎は大坂城に入り秀頼や淀君に仕えた。1614（慶長19）年の大坂冬の陣では、豊臣方と徳川方との交渉にあたっている。このとき、徳川に降伏するよう秀頼らに進言したが、聞き届けられなかった。

翌年、有楽斎は夏の陣の前に大坂城を脱出したが、家康に大名の地位を保証されている。交渉を進める裏で豊臣方の情報を徳川方へ流すなど、間者（スパイ）の役目を果たしていたとも言われている。

また、有楽斎は政治の表舞台で活躍する一方で茶の道に精進し続け、新しい流派の有楽流を生み出した。隠居所に建てた茶席の遺構「如庵」は貴重な文化遺産で、愛知県の犬山に現存している。有楽斎は、大坂夏の陣から7年後に亡くなったが、その領地は息子たちに分配され、複数の藩となって存続した。

74年の生涯を振り返ると、危機をいち早く感知し、たびたび窮地を脱している。だが、本能寺の変における信忠、大坂の陣の秀頼母子など、血縁者を見殺しにした感は否めない。

1615年▼大坂夏の陣で真田幸村が討死

真田幸村の子どもは父と激闘をくり広げた伊達政宗にかくまわれていた

真田幸村《さなだゆきむら》
(1567-1615)

大坂冬の陣で真田丸に籠って徳川方を撃破した真田幸村(信繁)は、夏の陣では徳川家康をあと一歩まで追い詰めるも、力尽きて討死した。嫡男の大助も、豊臣秀頼や淀君とともに自害した。NHK大河ドラマでは、幸村には正室しかいなかったように描かれたが、じつは複数の側室がおり、意外と子だくさんであった。よく知られているのが、東北の伊達政宗に保護された三女の梅である。

大坂夏の陣で幸村と政宗は激しく戦い、たがいに多くの戦死者を出した。なぜ政宗が敵の遺児たちを保護したのかは、はっきりしていない。大坂城が落ちる際に偶然見つけたとも、伊達家の戦いを認めた幸村が託したとも言われている。

梅は、伊達家の重臣・片倉重綱の妻となった。重綱の父・小十郎景綱は、政宗を幼いときから守り育てた軍師的な存在。政宗は片倉家に梅を嫁がせたことから、真田家の者を大事に扱ったとも見える。

この梅と同じく、次男の守信《もりのぶ》、さらにふたりの妹も伊達家に保護されている。守信は、片倉の姓を名乗って同家で仕えたが、1640（寛永17）年に、改めて伊達家の家臣として300石で召し抱えられた。このとき幕府は守信の正体を怪しんで詰問したが、伊達家は「真田守信は子どものころに石に当たって死んだ」とかわしている。守信の子孫は、8代目で姓を真田に戻した。幕末には西洋軍学を修得して伊達家の軍監に任じられている。

さらに幸村には、豊臣秀次の娘との間に五女・なほと、大坂夏の陣直後に生まれた三男の幸信がいた。なほとその母は徳川方に捕らえられたが処罰されず、代わりに大奥で働くことを命じられている。その後、なほは出羽（秋田県）の大名・佐竹義宣《よしのぶ》の目にとまり、その縁で義宣の弟で亀田藩主・岩城宣隆《いわきのぶたか》へ嫁いだ。幸信は、祖父の秀次が若いころに養子で入った三好の姓を名乗り、亀田藩に仕えた。真田家のみならず、豊臣家の血も受け継いだことになる。

ちなみに義宣や宣隆の母は、政宗の叔母にあたる。政宗との不思議な縁により、幸村の子どもたちは、長男を除く全員が命を救われていたのだ。

1615年▼長宗我部盛親、六条河原で刑死

長宗我部の名を捨てた盛親の弟は、酒井家の家老になっていた!

長宗我部盛親《ちょうそかべもりちか》
(1575-1615)

大坂夏の陣で「豊臣方五人衆」のひとりとして戦った長宗我部盛親は、戦場から脱出して京都にひそんでいたところを捕らえられ、引き回しの上、斬首された。盛親には5人の息子がいたが、徳川方の追跡で相次いで発見され、父と同じ運命をたどった。

父の元親に廃嫡された兄ふたりもすでに亡く、長宗我部家の血筋はここに絶えてしまった……かに見えたが、なおも生きのびた者がいた。盛親の弟・康豊《やすとよ》である。

江戸時代の書物『落穂雑談一言集』などに伝えられるところによると、康豊は大坂城落城のあと、落ち武者狩りを逃れて親戚を頼って関東を目指した。途中で食べるものがなくひもじい思いをしたが、安倍晴明の子孫・安倍康豊を名乗って偽の占いで逃亡資金を稼ぎながら、駿府（静岡市）まで流れてきて、ある寺に居ついた。

そこで偶然、譜代大名の酒井忠利《ただとし》が刀を持った賊に襲われたところに出くわす。康豊は思わず忠利を助けて賊を取り押さえた。忠利から感謝されて名を聞かれ、康豊は正直に自身の素性を明かした。忠利は長宗我部の一族であることを通報することなく、名前を足立七左衛門と変えさせて召し抱えたという。そのあと、忠利は出世して加増を重ね、七左衛門も引き立てられて家老にまで出世したという。

また、盛親の息子が生き延びたという説もある。1651（慶安4）年に幕府転覆を図った慶安の変（由比正雪《ゆいしょうせつ》の乱）が発生した。反乱そのものは未遂に終わったが、首謀者のひとり丸橋忠弥《まるばしちゅうや》の本名は、盛親の側室の子・長宗我部盛澄《もりずみ》とも言われている。ただし、丸橋がすぐに処刑されたこともあり、真相は不明だ。

ほかにも、元親の弟で島家に養子で入った親益《ちかます》の孫・親典《ちかのり》が、大坂夏の陣のあとも生きのびて土佐（高知県）に戻っている。藩主の山内家から許された親典は、姓を島と改め、郷士として代々続いた。

9代目にあたる島重親は明治時代になって長宗我部家の再興に取り組んだ。残されていた先祖伝来の資料などを集めて藩に届け、一族の霊を弔うため秦《はた》神社を創建することを認めさせたのである。さらに島家は、整理した家系図を宮内庁に提出し、長宗我部家に連なることを正式に認められている。

途絶えたかに見えた長宗我部家の血統は、各地で生き続けていたのだ。

1844年▼鳥居耀蔵、四国で幽閉

「憎まれっ子、世にはばかる」を地でいく南町奉行・鳥居耀蔵の晩年

鳥居《とりい》耀蔵《ようぞう》
（1796-1873）

南町奉行・鳥居耀蔵は、老中・水野忠邦《ただくに》の腹心として辣腕を振るい、洋学を学ぶ者を弾圧した「蛮社の獄」や、天保の改革にともなう厳しい風紀取締りで容赦しなかった。耀蔵は無実の者に罪を着せることを辞さず、多くの者を獄につなぎ拷問にかけた。江戸っ子は、耀蔵の名と官位の甲斐守をひっかけて「よう、かい（妖怪）」と、耀蔵を恐れ嫌った。まさに「憎まれっ子、世にはばかる」である。

ところが1844（弘化元）年、耀蔵は政治闘争に負けて失脚。無実の者を陥れたやり方を咎められ、四国の丸亀（香川県）にて謹慎するよう命じられた。多くの人々がこの処分に喝采を送っている。

謹慎となって5年、10年が経過し、鳥居を失脚させた政敵が引退しても、許してやろうとの声は起こらなかった。圧倒的に嫌われていたことがわかる。

権力の絶頂にいた者が幽閉され、あらゆる自由を束縛されると、精神を病んで自殺することがある。しかし耀蔵はもともと強靭なメンタルを有し、医学にも通じていたため健康を維持できた。結局、24年もの間この処分に耐え続け、1868（明治元）年にようやく赦免された。72歳になった耀蔵は、堂々とした態度で江戸に戻り、なおも5年生きている。

「桃栗三年、柿八年、びわははやくて十三年」と言われるが、耀蔵が幽閉先の自宅の庭に捨てたびわの種が、釈放されたとき果実をつけていたそうだ。

これほどまでに憎み嫌われていながらも生きのびた耀蔵は、政敵や追い落とした者の多くが亡くなったあとも生きのびて、江戸幕府の顛末を見届けたのである。

江戸へ戻ってから耀蔵は自分が失脚して謹慎となってから、世の中で何が起こったのかを知人に教えられた。このとき悲しむどころか、「俺の言うことを聞かなかったから、こうなったのだ」と言い放ったという。洋学を弾圧したのは正解だったのか？

本人は少なくとも負けを認めない頑固者だったかもしれない。憎まれ役になりながらも、幕府に尽くした自分を不当に扱った幕臣たちに対する勝利宣言ともとれる。

また、当時は新政府の政策に対する不満が募り、不平士族の反乱などが相次ぐなど、世間は混乱していた。彼の意見に頷く者も、多少はいたはずである。

3章

意外と出世した、大逆転の「その後」

587年▼物部守屋が死亡

排仏を唱えるも政争に敗れて消えた物部氏。その末裔でいちばん出世したのは、僧侶⁉

物部守屋《もののべのもりや》
(? -587)

ヤマト政権後期に権力争いをくり広げた蘇我氏と物部氏。最大の対立ポイントは、仏教を認めるか否かだった。馬子《うまこ》率いる蘇我氏は仏教を積極的に受け入れる〝崇仏派〟だったのに対して、守屋率いる物部氏はそれに抵抗する〝排仏派〟。結局、天皇を味方につけた馬子の追討軍により守屋は討たれた。大木に登っているところを射落とされたという。

一族の長である守屋が死ぬと、物部氏は急速に衰退し、やがて滅んだ……というのが日本史の教科書から受ける印象だ。しかし、事実は少し異なる。

物部氏は「もののふ（武士）」の語源にもなった軍事系氏族。武門の棟梁とも言われ、当時は日本で最大勢力を誇る大豪族だった。守屋が滅亡したからといって根絶やしにされたわけではなかったのだ。

確かに排仏を唱えた守屋はリーダー的存在だったが、物部氏系の文書『先代旧事本紀』には「守屋は物部氏の中では傍流だった」とある。意外なことに、同書には馬子と守屋の対立は書かれていない。このあたりに、守屋の微妙な立場が表われている。

また、蘇我氏と物部氏の対立ポイントは仏教ではなく、蘇我氏が中心になって進めている行政改革にあったという説が有力だ。これは律令制を導入するにあたって、既得権を持っていた物部守屋が抵抗勢力になったというものだ。

負けたのは守屋とその周辺の一部だけで、一族としては負けていない。物部氏一族の子孫には、大海人皇子《おおあまのみこ》の家来として壬申の乱で活躍した朴井雄君《えのいのおきみ》がいる。大友皇子の襲撃を察知して、大海人皇子に避難を進言するなどして信頼されていた。

物部本流の子孫も厩戸王（聖徳太子）に登用されて、そのまま政権内に残っている。物部氏の本拠は現在の奈良県にある石上神宮《いそのかみ》で、ここはヤマト政権の武器庫を兼ねていた。のちにこの一族は石上氏と改姓している。

異色なところでは、戦国大名の浅井氏が物部氏の後裔を自称したとされる。ただし、その信憑性については諸説あり、まだ定まってはいない。

なお、道鏡（122ページ）は、物部系の弓削《ゆげ》氏の出とされる。のちに失脚するが、一時は女帝・称徳（孝謙）天皇の寵愛を受け、太政大臣禅師や法王にまでのぼりつめている。排仏で有名な物部氏の子孫の出世頭が僧の道鏡というのは、歴史のおもしろい事実である。

672年▼大友皇子、壬申の乱で敗死

天武天皇に敗れた大友皇子の子が、そのまま皇室に残って重鎮となっていた！

大友皇子《おおとものみこ》
（弘文天皇《こうぶんてんのう》）
（648-672）

671年に天智天皇が崩御すると、翌年、子の大友皇子と、出家していた天智天皇の弟・大海人皇子が戦った。古代史における最大の内乱「壬申の乱」である。大友皇子には「弘文天皇」の名もあるが、これは1870（明治3）年に政府から贈られた諡号《しごう》であり、生前に即位したかどうかは不明。長く議論されているが、ここではふれない。

さて、天下分け目の内乱で大友皇子は敗れて自害した。当然、その子孫もつらい目にあったのだろうと思いきや、そのまま皇室に残っていたというから意外である。

大友皇子の第一皇子は、葛野王《かどののおう》といった。父親が死んだときはまだ3歳なので、命を救われたのだろう。この葛野王が政治の表舞台に登場するのは、696年。皇位継承者だった太政大臣・高市皇子《たけちのみこ》が薨去し、持統天皇が臣下を集めて皇太子の擁立について議論させたときのこと。それぞれが手前勝手な理屈をこねるなか、つかつかと歩み出て述べた葛野王のコメントがふるっている。

「我が国では神代から、直系相続で皇位を継承してきた。兄弟相続にすれば乱が起こる。天下は天の意志で決まるもの、天の意志はこうであるとたがいに主張しても、天意は誰にもわからないのだから、結局武力で決めることになってしまう。直系相続にすれば、後継者問題は自然に決着する」

まさに、「当事者は語る」。説得力がある。これに不満を感じた天武天皇の子・弓削《ゆげの》皇子《みこ》が食い下がると、葛野王は「黙れこわっぱ！」とばかりに一喝したという。父の無念を想い、一矢報いる心境だったのかもしれない。

その葛野王の孫（大友皇子のひ孫）である淡海三船《おうみのみふね》は、751（天平勝宝3）年に臣籍降下して、淡海真人《まひと》姓を下賜された。学問、とくに歴史をよく学ぶ文人として政権内で活躍していたが、34歳のころに朝廷を誹謗したとして短い間ながら禁固刑を受けたりもしている。その後、地方官や巡察使など役人としてさまざまな任務にあたったと、自身が編纂に加わった『続日本紀』に記録されている。

晩年、漢風諡号（中国にならって亡くなった天皇に名前をつけること）を行なったとされる。皇位継承の戦いに敗れた者の子孫が、初代の神武天皇から44代の元正天皇まで（弘文天皇と文武天皇を除く）の43人の天皇の名前を一括してつけていたのである。

769年▼和気清麻呂、大隅へ流罪

道鏡のせいで「穢麻呂」と改名させられた和気清麻呂、奇跡の復活劇！

和気清麻呂《わけのきよまろ》
（733-799）

清麻呂から穢麻呂《きたなまろ》に改名せよ——小学生のあだ名レベルのひどい名前を、天皇が官僚を処罰するのに命じたというのだから穏やかでない。発端は、「宇佐八幡宮神託事件」だ。769（神護景雲3）年、大宰府の祭祀を担当していた習宜阿曾麻呂《すげのあそまろ》が、「道鏡を天皇にすれば天下太平になるだろう」という宇佐八幡神の託宣を朝廷に奏上した。事実上の国の最高権力者となっていた法王・道鏡は、このお告げをもとに皇位を望んだとされる。

道鏡を寵愛していた称徳天皇はこれを喜んだが、ダメ押しの神託がほしかったのか、和気清麻呂を確認のために宇佐に向かわせた。本当は姉の広虫《ひろむし》を遣わせようとしたが、病弱であり旅は難しいため代わりに弟が行ったのだった。

ところが清麻呂が受けた神託は、前回と違った。「天皇家以外の者が皇位を継ぐことは許されない。関係ない者は早く除くべし」という託宣を持ち帰ったのである。

これを聞いた称徳天皇は、清麻呂が神託を捏造したと激怒。別部《わけべの》穢麻呂と改名するよう命じ、大隅（鹿児島県）へ流した。姉の広虫も別部狭虫《わけべのせまむし》と改名させられ、備後（広島県）に流された。キタナマロとセマムシ……、この恥辱はきわまりない。

しかし翌年、称徳天皇が崩御して光仁天皇の治世になると、道鏡は後ろ盾を失って失脚。下野（栃木県）に流された。狭虫、穢麻呂の姉弟は中央政界に復帰し、出世コースにも戻ることができた。もちろん名前も元に戻っている。

その後も清麻呂は、781（天応元）年に即位した桓武天皇の側近として活躍。とくに平安京の造営や治水工事でその手腕を発揮したという。また、美作《みまさか》と備前（岡山県）の国造も務め、善政を敷いたという。

清麻呂には6男3女があり、うち3人が記録に登場している。長子・広世《ひろよ》は父の遺志に従い、備前にある私墾田百町歩を民に与えたり、大学頭の任にあるとき、教育のために墾田を寄付したりしている。さらに一族のための大学別曹弘文院を設立し、これにも墾田を寄付した。父と同様に仏教者を支援し、最澄を留学僧として唐へ送っている。

五男の真綱《まつな》、六男の仲世《なかよ》も兄を補佐し、平安期の仏教の発展に尽くした。ふたりは空海を支援している。真綱は兄とともに最澄も支援している。人格者として裁判官などを務めた真綱の後裔には、江戸時代に医家として活躍した半井《なからい》氏がある。

1577年▼伊東義祐、島津軍に敗れて逃亡

乞食に成り果て、無賃乗船!? ダメ親父・伊東義祐と苦労人の三男

伊東義祐《いとうよしすけ》
(1512-1585)

日向(宮崎県)の伊東氏は、日本三大仇討ちのひとつで曾我兄弟に討たれた工藤祐《すけ》経《つね》の子孫である。その16代目当主・伊東義祐は、島津氏との21年もの戦いのすえ飫《お》肥《び》(日南市)を勝ち取る。そのころ義祐は48もの城を持ち、一族は大いに繁栄した。

ところが義祐は、領民に重税を課して公家の真似ごとをはじめた。金で従三位の位を買い、金閣寺ならぬ金柏寺《きんぱくじ》や大仏堂を建立するなど浪費を重ねた。やがて賄賂政治が横行するなど悪政がはびこり、領民は義祐に反感を抱くようになっていた。

1572(元亀3)年、義祐は島津貴久の死に乗じて貴久の次男・義弘の守る加《か》久《く》藤《とう》城を奇襲した(木《き》崎原《ざきばる》の戦い)。ところが島津軍は10分の1の兵力でこれを防ぐと、逆に休息中の伊東軍を急襲。自領の農民までが島津に味方した結果、伊東軍は大敗した。

その数年後、義弘は伊東氏を攻め滅ぼしにかかった。義祐が動員をかけても、配下の者は島津に寝返っていった。義祐はやむなくわずかな家来と三男の祐兵《すけたか》、女や子どもを連れて豊後（大分県）の大友宗麟を頼って落ちのびた。真冬に1500メートル級の雪山を越える脱出は凄惨を極め、多くの死者を出す始末だった。

命からがら逃げ込んだ義祐一行は宗麟に保護されるが、今度は大友氏が島津氏のターゲットになってしまう。大友氏から疎まれて身の危険を感じた義祐たちは船で伊予（愛媛県）へ逃げ、貧しい暮らしを強いられた。やがて義祐は家族や家臣からも憎悪の対象となり、疎外された。祐兵が仕事を得て一族を連れて大坂へ行くと、身の置き場のない義祐は中国地方へと放浪の旅に出る。そこで所持金もなくなり万策尽き、家族を頼って大坂へ行こうと無賃で船に乗るも病に倒れてしまった。死にかけの乞食にかかわりたくないと、船頭は堺の港に着く前に義祐を浜に捨てた。その知らせを聞いて駆けつけた家族に拾われ、義祐は看取られて死んだ。享年73。大名の死に様として、これほど惨めなものはない。

さて、祐兵は幸運にも羽柴（豊臣）秀吉に雇われ、戦で功を挙げて河内（大阪府）に500石の扶持を得た。秀吉の九州平定では先導役を務め、かつての本拠地・飫肥も奪還。5万7000石の大名となってみごと復権を果たした。関ケ原の戦いでは西軍につくも、うまく立ち回って所領を安堵されている。その後、伊東氏は江戸時代を通して飫肥藩の藩主を務めて幕末も生きのび、一族の後裔からは海軍大将・伊東祐亨《すけゆき》を輩出している。

1578年▼山中鹿介、謀殺

「七難八苦を与えたまえ」と願った山中鹿介。子孫がなんと財閥を立ち上げた！

山中鹿介《やまなかしかのすけ》
(1545-1578)

かつて中国地方で威光を示した尼子《あまご》氏は、毛利氏に攻め寄せられ衰えていた。尼子の若き家臣・山中鹿介（幸盛）は、山の端にかかる三日月を仰いで祈った。

「願わくば、我に七難八苦を与えたまえ」

どんな困難があっても、主家の再興を遂げたいという強い意志を物語るエピソードとして有名だ。ただこのセリフは創作らしい。ネタ元は軍国主義教育一色だった戦前、小学生の国語教科書に掲載された作品『三日月の影』。さらにその出所は『太閤記』で、「鹿介16歳の春、1カ月以内に武勲をと三日月に願った」という記述を参考にしたようだ。

ただ、鹿介が困難に立ち向かい続けたことは事実だ。主家尼子氏が毛利氏に滅ぼされたのち、何度も再興を期して毛利に挑み、最期は、捕虜となって連行中に謀殺されている。

この鹿介には、新六幸元《しんろくゆきもと》という子があったが、幼少のころ山中家の本家にあたる黒田氏の当主・幸隆の養子となっている。しかし黒田城が羽柴秀吉に落とされて幸隆が死ぬと、新六は大叔父の山中信直を頼って摂津（兵庫県）伊丹近くの鴻池村に移った。

秀吉によって天下統一が果たされたこともあり、新六は武士をやめて名を鴻池新右衛門と改める。鴻池村は濁酒造りがさかんで、新右衛門も酒造業をはじめた。その後、研究・開発の結果、独自製法で芳醇な清酒を造ることに成功。この清酒が当たり、樽につめて馬で運ばせ江戸に積み出したところ、ここでも大ヒットした。西で東で大評判となったのだ。

新右衛門のビジネスセンスは酒だけにとどまらなかった。鴻池村の本家と製造ラインは七男・元秀に任せ、自身は八男・正成とともに大坂に進出し、ここに販売店をかまえた。さらに九条島（大阪市西区）に物流拠点を設置し、海運業もスタート。急拡大する江戸の需要に対応したのだ。財を成すと大名相手に金融業をはじめ、多角化に成功した。

1651（慶安3）年、新右衛門が満80歳で大往生を遂げると、大坂の店は正成が相続。幕府の御用両替「十人両替」や鴻池新田の経営、100艘以上を擁する大海運業の展開や江戸進出など、鴻池はさらに業務内容を拡大した。正成の子孫は両替業に専念し、明治時代には鴻池財閥として栄華を誇り、現在の三菱UFJ銀行のもとのひとつになった三和銀行のルーツでもある。

苦難を背負った山中鹿介の血脈は、メガバンクに連なるのだ。

1582年▼明智光秀が死亡

逆臣・明智光秀の家臣の娘が30年の時を経て大奥の最高権力者に！

春日局《かすがのつぼね》
(1579-1643)

女性を主役とするNHK大河ドラマで、平均視聴率32・4%をたたき出した『春日局』。大奥という言葉が、歴史好きだけでなく世間に広まるきっかけとなった番組でもある。もう30年以上も前の話なので、改めて春日局の生涯を振り返ってみよう。

後に春日局となるおふくの父は、明智光秀の重臣・斎藤利三《としみつ》だ。本能寺の変でも光秀に従った利三は、捕らえられて磔《はりつけ》にされた。おふくは親戚の三条西家に身を寄せ、ここで公家の作法を身につけている。さらに嫁いだ稲葉正成《まさなり》は小早川秀秋の家臣で、関ケ原の戦いで功労者となる。

その後、おふくは3代将軍・家光の乳母となり、大奥を取り仕切るまでになった。朝廷との交渉など幕政にも貢献し、春日局の号と従二位を賜る。本能寺の変から30年、光秀の家来の娘が、天下を牛耳ったのだ。

また、ドラマの中で春日局の右腕として登場した侍女の祖心尼《そしんに》も、もとは負け組である。

前田家の分家、小松城主の前田長種《ながたね》の長男・直知《なおとも》に嫁いでふたりの男児を産んだものの、突如として離縁を申し渡されている。嫁・姑問題が原因と噂されるが、真実は不明だ。

加賀を追われた祖心尼は、寺の住職を務める叔父を頼って京都に入り、禅を学んだ。そして20歳そこそこになった祖心尼のもとに再婚話が舞い込む。相手は会津藩蒲生家の重臣・町野幸和だ。嫁いで20年近く平穏に過ごしていたが、3代藩主・忠郷《たださと》が天然痘で急死すると、嗣子がなかったため改易となってしまった。

会津を出た祖心尼は、町野一族とともに江戸に向かう。ここから人生の逆転劇がはじまった。浪人だった夫の幸和は旗本に取り立てられ、祖心尼も大奥に出仕となる。

これは春日局を頼ったからだろう。祖心尼の母の妹、つまり叔母の元夫は、稲葉正成であった。叔母の死後、春日局が嫁いでいたのだ。

祖心尼は孫娘を養女としてもらい受け、大奥に出仕させた。これに家光のお手がついて懐妊。家光の第一子・千代姫が誕生し、祖心尼と家光の関係はさらに深まった。家光は祖心尼を信頼し、祖心尼が出家した際には濟松寺《さいしょう》という寺を建てている。

反逆者の家来の子として育った春日局と、主家が改易の憂き目にあった祖心尼。ふたりの悲惨な前半生と華麗な後半生は、人生の大逆転にふさわしいほどの違いがあったのだ。

1614年▼高山右近、マニラへ追放

国外追放から400年後にカトリックの崇敬対象となった「殉教者」高山右近

高山右近《たかやまうこん》
(1553-1615)

2016(平成28)年1月、ローマ法王庁が高山右近を「福者」に認定したと発表した。福者とは、カトリック教会における最高位の崇敬対象である「聖人」に次ぐ称号だ。

戦国武将・高山右近は、戦に敗れたり権力闘争に敗れたりしたわけではない。国外追放の憂き目にあい、そのまま没したというめずらしいタイプの負け組だ。

父の導きで11歳のときにキリスト教の洗礼を受けた右近は、織田信長に臣従し、摂津（大阪府）を支配していた荒木村重の与力として高槻城主となった。村重が信長に謀反を起こすと、高槻城も信長軍に取り囲まれてしまう。観念した右近は髷《まげ》を落として刀を外し、薄い衣1枚で城を出て、信長に降伏。信長はこれを喜び、高槻城は安堵された。

本能寺の変の際に秀吉のもとにかけつけ、以後は秀吉の家臣となった。右近は高槻で領民に入信を働きかけ、領民の7割以上がキリスト教徒となった。

しかし、右近の実力とキリシタンの団結力を恐れた秀吉は、1585（天正13）年に右近を明石6万石に移す。その2年後にはバテレン追放令が公布された。「信仰をとるか、大名の身分をとるか」と迫られた右近は迷わず信仰を選び、領地や財産を取り上げられた。

その後、右近は同じキリシタン大名の小西行長を頼るなどして放浪したのち、1588（天正16）年に加賀（石川県）の前田利家に招かれて客将となる。ここでも布教活動をしている。関ケ原の戦いでは、東軍についた前田氏の一将として活躍をみせた。

ところが、1613（慶長18）年に江戸幕府がキリシタン禁教令を出すと、右近は再度窮地に追い込まれる。当主・前田利長は、長崎へ向かう決意をした右近を慰留したが、引き止められなかった。雪山を越えて長崎に着いた右近は、翌年10月に敬愛する神父とともにマニラに渡る。国外追放を受け入れるしか、信仰を守る方法がなかったのだ。

マニラに着いた右近は国賓待遇で迎えられている。日本での長年にわたる布教活動が宣教師に伝えられていたからだ。ただ、老齢の右近に慣れない長旅や高温多湿の気候はつらく、翌年2月に病死した。享年63。

福者に認定したフランシスコ・ローマ法王は、右近の生涯について、「信仰における意志の強さと不屈さ、そして、神に対する人間の愛への献身は称賛されるべき模範」と述べている。追放から400余年、その信仰心が認められたという逆転劇である。

1614年▼大久保忠隣、改易

囲碁を打っている最中に改易された大久保忠隣。その孫が、70年後に復権していた

大久保忠隣《おおくぼただちか》
(1553-1628)

徳川譜代の武闘派集団として有名な大久保党は、家康が生まれる前から松平氏に仕えていた。家康の生涯で最初の大ピンチだった1563(永禄6)年の三河一向一揆では、重臣たちも一部が敵となったが、大久保党だけは一枚岩で主君に従った。当時の大久保党の主力は、家康の祖父にも仕えた忠俊と弟の忠員《ただかず》、さらに忠員の子の忠世《ただよ》と忠佐《ただすけ》である。いずれも武勇にすぐれ、とくに忠世と忠佐は姉川の戦い、長篠・設楽《したらが》原《はら》の戦いなどで活躍した。忠世の子・忠隣も、姉川の戦い、小牧・長久手の戦い、小田原攻めに従軍している。

家康の生涯で2度目の危機と言える1572(元亀3)年の三方ヶ原の戦いでは、敗走する家康を守ったという。本能寺の変を受けた伊賀越えでも家康とともに行動し

ている。こうした実績から、小田原藩初代藩主となり、また江戸幕府では老中として活躍した。

ところが、信頼されていたはずの忠隣は、1614（慶長19）年1月に突如失脚する。畿内のキリシタン制圧の命を受け、現地に赴いて任務を遂行。翌日、忠隣は宿にしていた佐和山城で井伊直孝《なおたか》と碁を打っていた。そこへ京都所司代の板倉勝重が来て改易を伝える。

忠隣は顔色ひとつ変えず、碁を最後まで打ち、そのまま直孝の預かりとなった。財産は没収、居城は壊されて軟禁状態のまま出家という厳しい処分だった。

その容疑は、忠隣が豊臣方に内通したというもの。ただ、権力闘争をくり広げていたライバルの本多正信・正純親子の陰謀だとささやかれた。武勲で身を立てた忠隣に対して、権謀術数が得意の正信がいかにもやりそうなことだったからだ。

このとき忠隣60歳。家康が没した後、直孝が冤罪を訴え出ようと言うと「家康公亡き後、不忠になる」と断わっている。結局、忠隣は許されぬまま75歳で没した。

忠隣には将来を嘱望された嫡男・忠常《ただつね》がいたが、父に先立ち31歳で急死。その子・忠職《ただもと》は改易時にまだ10歳だった。大久保氏の多くが連座して処分されたが、家康の娘を祖母に持つ忠職だけは、父の遺領である騎西《きさい》藩2万石の藩主のままで蟄居《ちっきょ》というゆるいものだった。
忠職は改易から11年後に赦免となり、美濃（岐阜県）加納5万石、播磨（兵庫県）明石7万石、肥前（佐賀県）唐津8万3000石と移封。忠職は実子がみな早世したため、忠隣の3男・教隆《のりたか》の子である忠朝《ただとも》を養子に迎えた。忠朝は老中首座となり、かつて忠隣が領した小田原に復帰。祖父・忠隣の改易から72年、大久保党はついに復権を果たしたのだ。

1684年▼堀田正俊、暗殺

暗殺された大老・堀田正俊の子孫が、ふたたび老中となるまで

堀田正俊《ほったまさとし》
(1634-1684)

江戸城本丸、老中たちが集まる御用部屋近くで大老・堀田正俊が暗殺された。犯人

は美濃青野藩主・若年寄の稲葉正休《まさやす》。正俊を廊下に呼び出し、脇差で脇から肩へとひと突きしたのだ。正俊は手当を受けたが、運ばれた自邸で死んだ。

殺害の理由は謎だが、両者の間に業務上のトラブルがあったことは確かだ。日ごろの恨みが爆発した可能性はある。「累代の御高恩に応え、正俊を討ち果たす」という遺書の存在や、老中たちがその場で正休をメッタ斬りにして即死させたこと、明らかに計画的犯行であるのに「発狂のため」として処理されたことなどから、陰謀説がささやかれた。

正俊は5代将軍・徳川綱吉誕生を助けた人物だったが、このころの正俊と綱吉の関係は微妙なものになっていた。綱吉がこだわった生類憐れみの令に、正俊が強く反対していたからだ。正俊が死んだのち、綱吉の治世は徐々に歯車が狂いはじめ、善政から悪政へと変わっていく。

さて、正俊殺害後、古河藩13万石は正俊の長男・正仲《まさなか》が継いだ。だが、1年ごとに山形藩、福島藩と国替えされた。これは騒ぎを起こした懲罰的な意味があったものと思われる。とくに当時の福島藩は実収入が少なく、家臣団の一部を解雇するなど正仲は苦境に追い込まれた。正俊を初代として3代目は正仲の弟（正俊の次男）の正虎が継いだ。その間、福島藩からまた山形藩に移封されている。大老の家柄から転落し、苦難の統治が続いた。

4代目は親類から養子にとった正春が継いだものの17歳で早世。5代目は正俊の孫(正俊の四男・正武の長男)・正亮《まさすけ》が継いだ。

この正亮が出世した。寺社奉行、大坂城代を経て1745(延享2)年、老中に就任。正俊の暗殺以来、61年ぶりに堀田家から要職について、みごと復権を果たした。

正亮は老中首座となって山形藩から佐倉藩に転封。佐倉は正俊の父、正盛が治めていた堀田家ゆかりの地であり、以後堀田家は幕末維新まで佐倉藩に落ち着いた。

もうひとり、大出世をしたのが正俊から9代目となる正睦《まさよし》だ。蘭方医・佐藤泰然を佐倉に招き、佐倉を蘭学の拠点にした。また幕府では老中首座となり、幕末にはハリス米国総領事との交渉を担当している。

ただ、井伊直弼が大老に就任すると罷免され、中央政界から失脚した。

1703年▼大石内蔵助、切腹

赤穂事件における敗者とは？ 吉良上野介と大石内蔵助の子孫のその後

大石良雄《おおいしよしお》
(1659-1703)

吉良義央《きらよしなか》
(1641-1703)

赤穂事件における幕府の処分は、一般的に喧嘩両成敗である。芝居や映画、ドラマなどにおけるイメージは、大石良雄（内蔵助）の圧勝であるが、その後の両家がどうなったかを検証しながら、勝敗を判断してみたい。

被害者である吉良家は、江戸城松の廊下における刃傷事件のあと、義央（上野介）が隠居。家督は養嗣子である義周《よしちか》が相続した。義周の実父は米沢藩主・上杉綱憲《つなのり》だが、この綱憲は上野介の実子である。つまり義周は、上野介の実の孫である。

討ち入り後に行なわれた評定では、討ち入り当夜の義周の対応が不届きとされた。義周は諏訪家に御預けとなり、吉良家は改易となった。

不届きの理由は、背中を斬られて気絶していたことだ。本人は長刀を振って応戦し

●大石家と吉良家の家系図

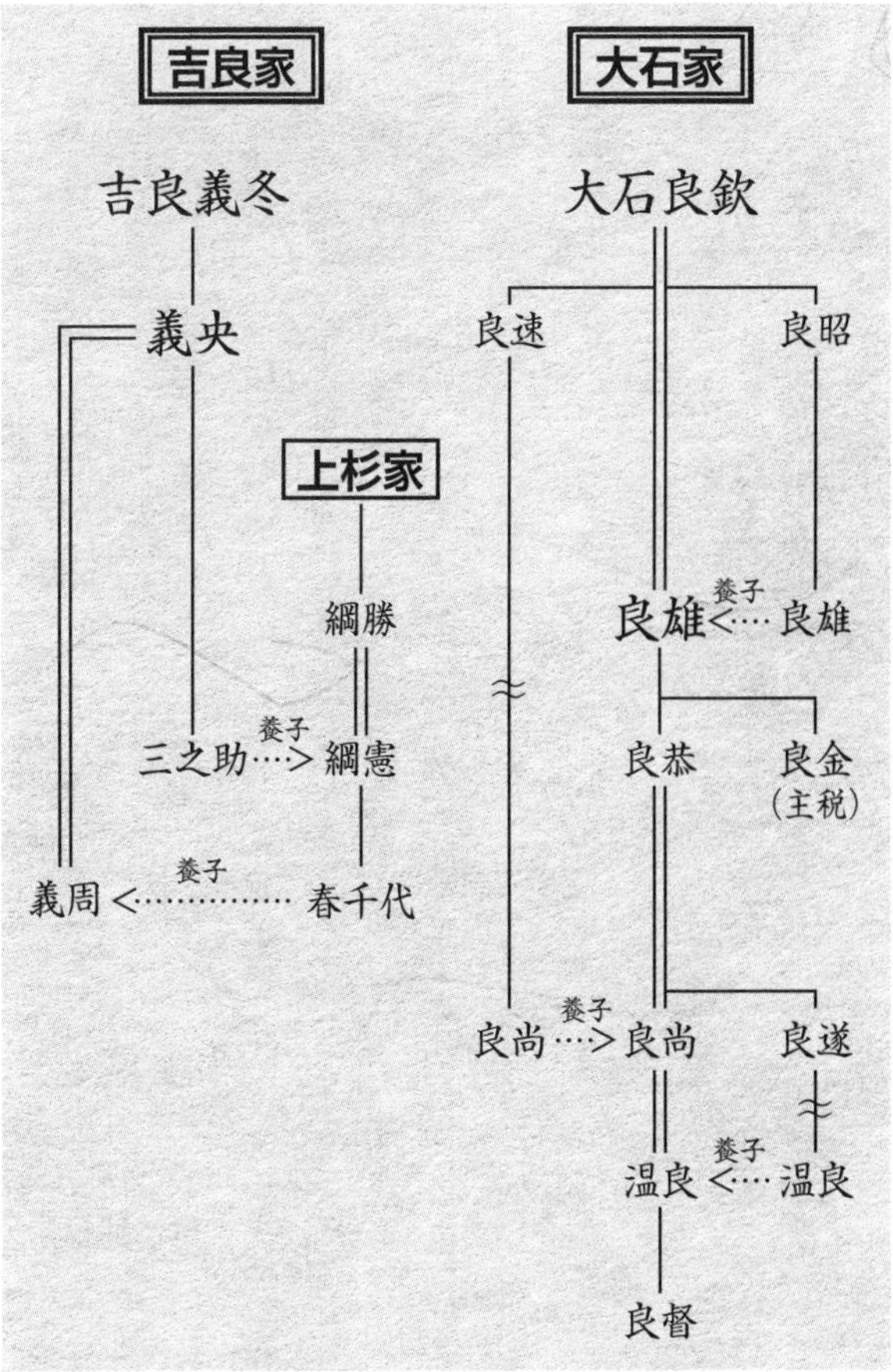

大石家は何度も断絶の危機を迎えるが、養子によって系譜が保たれた

たようだが、武士が背中に傷を負うということは逃げようとしたことと同義だ。また、「親の命を守れず自分だけ存命している」のは、結果として不届きである。おそらく死んだと思われてそのまま捨て置かれたのだろう。気がついたときにはすでに上野介は討たれていた。

それにしても被害者の子なのに、なんとも理不尽な判決を受けたものだ。当時の考え方であり、義士たちの行動に世論が味方したのもあったのだろう。

義周の預け先は信濃（長野県）の高島城。衣服の着替えも許されず、暖房器具の使用も許されないというひどい環境に置かれたという。義周は処分から3年後に21歳で死去。これで、吉良家の血脈は断絶した。

●子孫でみる本当の勝敗

次に加害者側の大石家を見てみよう。討ち入りの時点で大石内蔵助には2男2女があり、さらに妻のりくはもうひとりの子を身ごもっていた。内蔵助の長男・主税《ちから》良金《よしかね》は父とともに討ち入りしてのちに切腹したため、家は継げない。

内蔵助は自分の家を守るためにいろいろと算段をしている。12歳の次男・吉千代《きちちよ》は、討ち入りを前に但馬（兵庫県）で剃髪させ、僧籍に入れた。さらに、りくとお腹の子に連座がおよばぬよう離縁し、実家の但馬に帰していた。討ち入り後に生まれた三男の大三郎良恭《よしやす》は、りくの実家である石束《いしづか》家の家来の子として、丹後（京都府）の医師・林文左衛門へ里子に出している。

工夫をこらして関係を隠したが、幕府による赤穂浪士の遺児捜索はしらみつぶしだった。大三郎のことを調べ上げると石束家に戻すよう命じ、15歳になったら遠島の刑に処すと申し渡している。だが、討ち入りから7年足らずの１７０９（宝永６）年、将軍・綱吉の死去に伴う大赦の措置が下り、内蔵助の関係者は許された。大三郎は晴れて赦免となる。ただし、次男・吉千代は直前に19歳で早世していた。

大三郎は、12歳になると浅野の本家である安芸広島で召し抱えてもらうことになり、母や姉とともに広島へ移り住んでいる。このあと、大石家は脈々と現在まで家系をつないでいる。どうやら、御家の存続という意味では大石の勝ちである。

ちなみに、浅野家のその後はどうなったか？　赤穂浪士たちは、主君・浅野内匠頭の弟であり養子である長広が御家の再興を果たしてくれることを願っていた。内匠頭の刃傷沙汰と切腹により、長広は３０００石の所領を没収され、広島の浅野宗家に御預けとなった。
その後、大石のケースと同様に大赦で赦免され、1710（宝永7）年9月、安房（千葉県）の平《へい》・朝夷《あさい》郡に500石の所領を与えられて存続した。領国を有さない旗本ではあるが御家再興は果たされている。
喧嘩両成敗と言いつつ、綱吉の死で大石家と浅野家は救われていたのである。

1867年▼徳川慶喜が大政奉還

将軍を辞めた徳川慶喜は、維新後に将軍時代より官位が上がっていた！

徳川慶喜《とくがわよしのぶ》
(1837-1913)

江戸幕府最後の将軍・徳川慶喜は、石田三成とならび時代の転換点を代表する〝負け組〟だ。明治になってからは、趣味人として過ごしたことで知られる。レジャー&スポーツでは弓、狩猟、鷹狩、投網、鵜飼、サイクリングなど。芸能&音楽分野は、能、謡、小鼓など。アート&カルチャー分野では写真、日本画、西洋画、刺繍、囲碁・将棋など……と、硬軟取り混ぜて、あらゆるジャンルに挑戦している。

慶喜の子孫は2系統に分かれる。まずは徳川宗家だ。1868(慶応4)年、慶喜は鳥羽・伏見の戦いから敗走すると、上野の寛永寺で謹慎した。ここで宗家の家督をまだ5歳だった家達《いえさと》に譲って、抵抗の意思がないことを示した。

将軍になれる血筋とされる田安徳川家から徳川宗家に迎えられた家達が、幻の16代将軍である。幼い跡取りの教育については、13代将軍・家定の正室だった篤姫があれこれ面倒をみた。

明治時代、家達は貴族院議長を30年も務めるなど、政治の表舞台で活躍。1940(昭和15)年に行なわれる予定だった「幻の東京オリンピック」の組織委員会会長でもあった。

宗家の現当主は18代・徳川恒孝《つねなり》。徳川記念財団を設立して理事長に就任したほか、世界自然保護基金(WWF)ジャパンの名誉会長も務める。

慶喜の系統のもうひとつは、「独立」した徳川慶喜家だ。隠居したといっても当時慶喜はまだ32歳。趣味とともに閨閥《けいばつ》の形成に励んでいる。子だくさんの慶喜は、

1902（明治35）年に64歳で、徳川宗家とは別に徳川慶喜家の創設を許された。24人の子のうち正室・美賀子との間に生まれた子は夭逝。あとの23人は隠居後にふたりの側室との間に生まれた子だったが、正室を実母として育てた。成人した13人は、すべて貴族、皇族などの名家と縁組みされた。十男の精《くわし》は、勝海舟の養子となり勝家の家督を相続している。

最後に、慶喜の官位の変動を見ると意外なことがわかった。権力を手放していったんは負け組となったが、その後復権している。将軍時代の正二位から、朝敵となって官位を失うも、内戦を避けた功績により、1872（明治5）年には従四位を授かる。1880（明治13）年には将軍時代と同じ正二位となり、1888（明治21）年には「自己ベスト」の従一位に上昇。それもこれも、新政府で重きをなした勝海舟のおかげだ。臣下を守り、また臣下に忠義を尽くされたという意味では、死ぬまで殿様であった。

1868年▼白虎隊が飯盛山で自決

会津の悲劇「白虎隊」。その生き残りが海軍大将にまで出世！

出羽重遠《でわしげとお》
(1856-1930)

飯沼貞吉《いいぬまさだきち》
(1854-1931)

「白虎隊の生き残り」というと、意外に思われるかもしれない。映画やドラマなどで伝えられている白虎隊の悲劇は、ある隊士の証言をもとにしている。

飯盛山に逃げ込んだ少年たちの自決する姿。みんな死んだはずでは……。白虎隊は、士中一番隊49名、士中二番隊42名、寄合一番隊106名、寄合二番隊67名、足軽隊79名からなり、合計343名の組織だった。飯盛山で自決したのは、士中二番隊42名のうちの半数。生き残った隊士は290人もいた。つまり、全体の8割は生き残っていたのである。

そもそも、白虎隊とは戊辰戦争の際に構成された会津の少年部隊だ。新政府軍との激突が避けられなくなったため、数え年で16、17歳の男子で組織された。数多き白虎隊の生き残りのなかで、出世した者もいる。ここでは、特筆すべき人物をとりあげる。その白虎隊の生き残りで最大の出世を遂げた人物……その名は出羽《でわ》重遠《しげとお》。当時は数え14歳だったので、年少組の扱いだったのか城内にとどまっており出撃しなかったという。

出羽は維新後に海軍兵学寮で学び、海軍少尉に任官。日清戦争では連合艦隊参謀長、日露戦争では第1艦隊第3戦隊司令官として従軍した。その他数々の司令官職を歴任し、1912（明治45）年に海軍大将に昇進した。

維新後14人目の海軍大将となった出羽は、初の〝非薩摩出身〟（名目だけの役職だった有栖川宮威仁親王《ありすがわのみやたけひと》を除く）。会津藩出身者のみならず、藩閥人事に批判的な人々や旧幕府に出仕していた者たちにとって、痛快なできごとであったに違いない。

●苦学しながらも活躍した元隊士たち

西川鉄次郎は、法曹界で出世した。数え16歳で白虎隊に加わるも生きのび、戦後は静岡藩に留学した。学資金が足りず先生の家に居候しながら学んだという。やがて東京帝国大学を卒業し、外務省や内務省などに勤め、1886（明治19）年に東京始審裁判所の判事となる。その後は横浜裁判所長などを歴任し、1902（明治35）年、全国に7つある控訴院のひとつ、長崎控訴院の院長に就任。当時の法曹界においては、類い希な出世だった。

続いて本当の意味の「生き残り」を紹介する。一般にイメージする白虎隊の悲劇を間近で目撃し、証言を残した飯沼貞吉だ。

白虎隊の士中二番隊に所属していた飯沼は飯盛山まで退き、煙の上がる会津若松城を横目に同志と話し合った。敵に突進しての玉砕を主張する者もあったが、捕虜となって恥をさらすより潔く自決しよう、武士の本分を遂げようという結論にいたった。

貞吉も母・ふみから贈られた歌を思い返していた。それは「あずさ弓むかふ矢先はしげくとも　ひきなかえしそ武士《もののふ》の道」というものだった。

貞吉の回顧談によると「同僚の者が咽喉を突き、あるいは腹をかき切って倒れるので遅れてはならぬと脇差の鞘をはらい、力を込めて咽喉に突きたてた」という。

ところが、貞吉は死ななかった。脇差が急所を外れており一命を取り留めたのだ。

貞吉はその後多くの人に支えられ、死ではなく生をもらった。蘇生させ治療した軍医、生活を援助した人、勉学の指導をした人、そして貞吉が身を立てる電信の世界へ導いた人――。貞吉は電信修技校で学び、工部省（のちの逓信省、郵政省、総務省）に任官。その後は電信網の全国整備のために東奔西走した。

悲劇のイメージで語られる白虎隊……。多くの生き残りがいて、屈辱を胸に出直した者も多かったのである。

1868年▼戊辰戦争で会津藩が降伏

兄は苦難を経て議員、東大総長！仇敵・薩摩の軍人と結婚した大山捨松

山川浩《やまかわひろし》
(1845-1898)

山川健次郎《やまかわけんじろう》
(1854-1931)

大山捨松《おおやますてまつ》
(1860-1919)

敗者のイメージが強い会津藩にも、じつは多くの成功者がいた。NHK大河ドラマ『八重の桜』に登場した山川三兄妹は、その代表格である。

長兄・大蔵《おおくら》は会津戦争での〝あるできごと〟で知られる。敵軍に包囲されている会津若松城に伝統芸能「彼岸獅子」の衣装をつけて入城したのだ。笛・太鼓を先頭に進

むと味方は砲撃を止め、敵はわけがわからず見ているだけ……大蔵はまんまと城内に入った。

若いころから胆が据わっていた大蔵は、藩主・松平容保《かたもり》が京都守護職として上洛した際、側近として19歳で同行。鳥羽・伏見の戦いでは、負傷兵を最後まで江戸に送り届けた。

戊辰戦争後は浩と改名し、旧会津藩の人々が移された斗南《となみ》藩（青森県）では大参事を務め、苦しい藩政を支えた。廃藩置県で斗南藩がなくなると、政府から頼まれて陸軍に入っている。その後、大佐、少将と順調に出世して貴族院議員になった。

弟の健次郎は白虎隊に属したこともあるが、若年のため除隊し、籠城戦に加わった。降伏後は猪苗代《いなわしろ》で謹慎中に脱出し、東京へ出た。苦学のすえ、政府のアメリカ留学生に選ばれ、エール大学で物理を学び、日本人として初めて博士号を取得した。帰国して東京帝国大学の総長や貴族院議員を歴任した。

妹の捨松も幼少のころに会津戦争を経験した。籠城戦では新島八重の指示のもと、負傷兵の手当や炊き出し、打ち込まれた不発弾に濡れた布団をかぶせるなど必死で戦った。戦後は斗南藩で苦労している。その後、官費でアメリカに留学し、ヴァッサー大学を卒業。さらに看護学を学んで、日本人で初めて甲種看護婦の資格を取得し、帰国している。

捨松について特筆すべきは、1883(明治16)年に、薩摩閥で西郷隆盛のいとこにあたる陸軍大臣の大山巖《いわお》と恋愛結婚したことだ。大山の人柄に惹かれたという。会津の仇敵である薩摩藩出身者との結婚は周囲から大反対されたが、ふたりの意思は固く、兄の浩も最終的には認めている。ふたりは、完成して間もない鹿鳴館で結婚披露宴を行なった。捨松は鹿鳴館でどのように外国人招待客をもてなすかを日本の上流夫人たちに教える役目を果たし、優雅な振る舞いは「鹿鳴館の華」と呼ばれた。

若いときの苦労は買ってでもしろと言われるが、まさにその苦労を糧に出世した見本のような三兄妹である。

4章

いつの間になぜ消えた？
驚愕の「その後」

645年▼乙巳の変で蘇我入鹿殺害

中大兄皇子に味方した蘇我氏の傍流。その後、粛清されて根絶やしにされていた

蘇我倉山田石川麻呂《そがのくらやまだのいしかわまろ》
(?-649)

蘇我氏は、古墳時代から飛鳥時代にかけてヤマト政権内で絶大な勢力を誇った有力豪族だ。5代の天皇に仕えた伝説の忠臣・武内宿禰《たけうちのすくね》を始祖とし、蘇我稲目《いなめ》がその基礎を固めた。稲目の子・馬子が政敵の物部守屋を滅ぼすと、全盛期を迎えている。

馬子の跡を継いだ蝦夷《えみし》は、息子の入鹿《いるか》と天皇家をしのぐほどの権勢を誇るようになる。これに立ちふさがったのが中大兄皇子《なかのおおえのみこ》と中臣鎌足《なかとみのかまたり》だ。645（大化元）年、蘇我氏打倒のクーデター「乙巳《いっし》の変」を起こして入鹿を殺害、蝦夷を自害に追い込んだ。

蘇我氏はその勢力を失っていくが、蝦夷や入鹿は蘇我氏の本家であって直系の血筋は途絶えたものの、蘇我氏は完全に滅亡したわけではない。

傍流として生き残り、血脈をつないだのは蝦夷の弟・倉麻呂《くらまろ》の子である蘇我倉山田

蘇我氏、天皇家の家系図

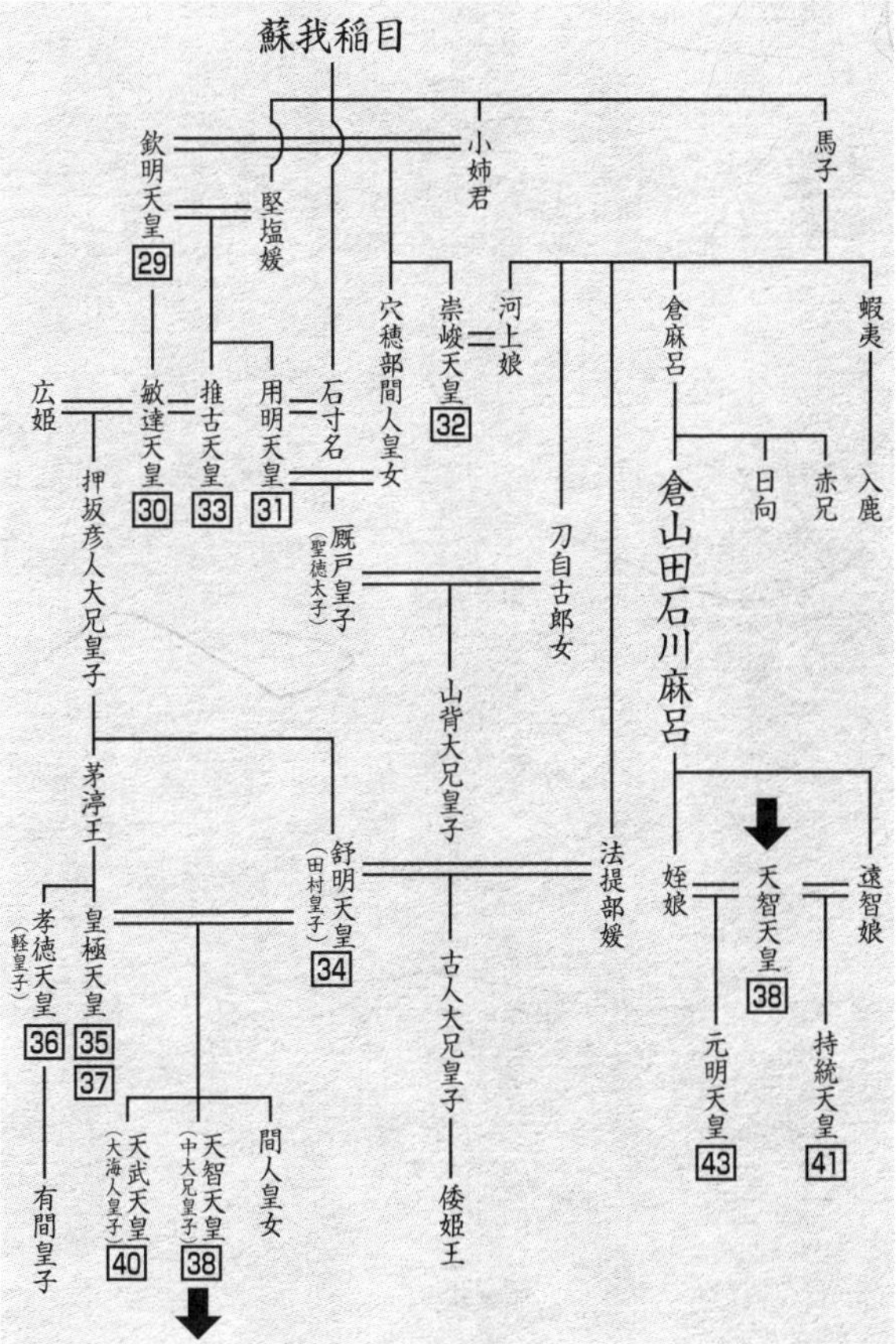

蘇我稲目、馬子、入鹿の時代、天皇は蘇我氏となんらかの姻戚関係にあった

石川麻呂だ。乙巳の変に際し、石川麻呂は中大兄皇子と中臣鎌足に味方し、入鹿暗殺の合図である三韓使の上表文を読み上げたことで知られている。傍流が本家を陥れたわけだ。

中大兄皇子の指揮する政府において右大臣に任命された石川麻呂は、その娘が中大兄皇子と婚約すると、蘇我氏の本流とみなされるようになった。

ところが、石川麻呂の異母弟の日向《ひむか》が、中大兄皇子に「石川麻呂に謀反の疑いがある」と訴えたことから第二の本流の衰退がはじまった。649（大化5）年、孝徳天皇は石川麻呂が籠る山田寺に軍を送ると、寺を取り囲んだ。日向を含む政府軍に追いつめられた石川麻呂は、妻子とともに自害。こうして蘇我氏の系譜は滅びてしまうのである。

じつは中大兄皇子と中臣鎌足の陰謀だったという説もある。石川麻呂が蝦夷と入鹿のように強大な力を持つ前に滅ぼしたというわけだ。傍流が本流になろうとも蘇我氏は結局は邪魔者であり、粛清される運命にあったのかもしれない。

ただし、石川麻呂の死後、中大兄皇子は天智天皇となって石川麻呂のふたりの娘を妻とした。さらに天智天皇の弟・天武天皇は天智天皇と蘇我系の妃との間に生まれた皇女たちを自分自身と息子たちとで独占する。6～7世紀の朝廷においてゆるぎない勢力を誇った蘇我氏の血統と財は、娘たちの婚姻を通じて王統に集約されていったのである。

750年▼吉備真備、九州へ左遷

2度も辛酸をなめた天才閣僚・吉備真備の復活と不肖の息子

吉備真備《きびのまきび》
（695-775）

吉備地方（岡山県・広島県東部）の下級武官の子として生まれた吉備真備は、15歳前後で大学寮に入った。省試（官吏任用試験）でエリートコースを進むと入唐留学生に選ばれ、717（養老元）年、23歳で遣唐使に随行する。唐ではその学才を大いに発揮して、儒学のほかに天文や兵学、音楽なども学んだという。

735（天平7）年に日本に帰ってきた真備はすでに40歳。帰国後は、大学助（大学寮の次官）や中宮助（后妃の世話に関する役所の次官）などを歴任する。その2年後、天然痘によって有力貴族が相次いで死ぬと、橘諸兄《たちばなのもろえ》が右大臣に任ぜられた。実権を握った橘諸兄のもと、留学仲間の僧・玄昉《げんぼう》とともに真備は政権の主力として活躍する。

ところが、諸兄との権力抗争を勝ち抜いて政権をとった藤原仲麻呂に疎まれた真備は、負け組に転じてしまう。九州に左遷され、遣唐副使としてふたたび唐に留学するなどしたが、帰国後も大宰府にとどまり、中央政権から遠く離れた地で10年以上を過ごす憂き目にあうのだ。

転機が訪れたのは真備が70歳のとき。仲麻呂との対立が表面化していた称徳天皇（孝謙天皇重祚）から造東大寺長官に任じられ帰京、中央政権に返り咲いた。真備は、皇太子時代の称徳天皇の家庭教師をしていた過去があり、そのころから信頼を得ていたのだ。

しかし、770（神護景雲4）年に称徳天皇が崩御し、真備が次期天皇に推した天武天皇の孫が政争に敗れて光仁天皇が即位すると、真備はふたたび負け組に転落した。771（宝亀2）年、真備は光仁天皇に慰留されたが右大臣の職を辞職し、5年後に81歳で世を去った。天才官僚であったが、政争は苦手だったのかもしれない。

2度の負けを喫した真備がさらに残念なのは、その子孫がふるわなかったことだ。長男・泉は真備から学才を受け継ぎ「孔門の童子」と呼ばれたが、度量が狭く傲慢で、部下に訴えられるなど問題が多かった。真備の功績から桓武天皇はそれなりに重用したが、強情で道理に背くような性格は老いても変わらず、大した功績もないまま72歳で没している。

娘の由利は称徳天皇の信頼が厚かったものの、以後の子孫は大臣を輩出する家柄として続くことはなかった。

941年▼藤原純友が討死

瀬戸内海を荒らしまわった藤原純友の子孫がキリシタン大名に⁉

藤原純友《ふじわらのすみとも》
(? -941?)

藤原純友の最期について、確かな記録はない。941(天慶4)年5月に博多湾の戦いで純友の船団は追捕使の軍により壊滅し、子の重太丸とともに伊予（愛媛県）に逃れたことまではわかっている。その年に警固使橘遠保《たちばなのとおやす》により討たれたとも、捕らえられて獄中で没したともいわれている。これは国府側に捏造された話で、海賊の大船団を率いて南海の彼方に消息を絶ったというロマンあふれる説もあるのだ。

純友は、当時の藤原氏でもっとも勢力を誇った藤原北家の出身である。大叔父にはじめて関白となった藤原基経がいる。しかし純友は、早くに父を失ってしまい、都での出世をあきらめざるを得なかった。

931（承平元）年ころから、現在の瀬戸内海周辺では海賊が頻出していた。その鎮圧のために純友は伊予に派遣される。海賊を取り締まる地方官となったのだ。ところが、赴任した純友は、任期を終えた後も都に戻らず、召還命令を無視してそのまま海賊化してしまう。この時期に発生した平将門の乱が終わると、純友は官軍と全面衝突した。その戦場は瀬戸内海全域におよんだ。

純友が将門と比叡山から平安京を見下ろして「将門は王孫なれば帝王となるべし、純友は藤原氏なれば関白とならむと約し」と語り合ったという伝説もある。帝王になるはずだった将門の乱が3カ月足らずで鎮圧されたのに対し、純友は2年にわたり朝廷を悩ませ続けた。よほど海賊稼業に向いていたのだろう。

江戸時代の儒者・新井白石が書いた『藩翰譜《はんかんふ》』によると、日野江藩（島原藩）の有馬氏と大村氏は純友の末裔と記されている。

有馬晴信は日野江藩初代藩主で、その晴信の叔父が大村家当主の大村純忠であり、純友の子、良純の子孫にあたるとされる。ふたりは有名なキリシタン大名で、大友宗麟とともに1582（天正10）年、ローマに向けて天正遣欧少年使節を派遣している。

このとき純忠の名代として渡航したのが、純忠の甥で晴信の従兄弟にあたる千々石《ちぢわ》紀員《のりかず》13歳。純友の血を引く少年だ。海で戦った純友の子孫が640年後に海外へ渡ったのだ。純忠は使節団の帰国の3年前にその成果を見ぬまま病死し、晴信も1612（慶長17）年に、疑獄事件に巻き込まれ死罪となっている。

1000年▼中宮定子が崩御

定子とともに没落した清少納言。その後は、「言われ放題」だった⁉

清少納言《せいしょうなごん》
(966?-1025?)

清少納言が女官として仕えた藤原定子《ていし》の生涯は、まさに波乱万丈であった。定子は990（永祚2）年1月、14歳で一条天皇に入内し女御となる。父の道隆《みちたか》は、皇后から「中宮」の称号を無理やり分離させて定子に与えた。皇后4人という異例さは宮中で反感を買ったものの、道隆一族は栄華を謳歌する。

しかし5年後、道隆が死去すると定子の立場は急変。定子の兄弟が事件を起こして左遷されたこともあって、当時懐妊中だったにもかかわらず定子は出家する。その2年後、一条天皇は周囲の反対を押し退け、ふたたび定子を宮中に迎え入れる。

出家後の后が入内するという異例中の異例の事態に世間の風当たりは強く、定子は内裏ではなく、「母屋に鬼がいる」と噂された建物に住むことになり、天皇が人目を避けて密かに通うようになった。その後、第三子を出産した定子は、力尽きて死んでしまった。

山あり谷ありの定子の生涯に付き添った清少納言は、宮廷を彩った才女といえるが、その記録はきわめて少ない。貴族で歌人としても知られた清原元輔の娘として生まれたが、本名は不明。清（原氏出身の）少納言という皇后に仕えたときの女房名で呼ばれた。

その名を後世に残すこととなった『枕草子』は、宮中で興味を持ったできごと、人物などについて書かれた日本初のエッセイと言われる。今で言うなら、有名女性ブロガーといったところだろう。ただ、後世の評価とは裏腹に、なぜかその醜聞だけは伝わっている。鎌倉時代の『無名草子』『古今著聞集』などに悪評が書かれたり、『古事談』には「鬼形之法師」と形容される出家の姿などと書かれたりしている。これは、清少納言と同時代を生きた『源氏物語』の作者・紫式部が清少納言を酷評していたことが要因かもしれない。

紫式部の悪口は容赦がなく、直接の面識はなかったはずだが『紫式部日記』には「女のくせに漢字を使う才気ぶった嫌な女」などと痛烈な批判をし、清少納言の人格と業績を全否定するかのような書きぶりだ。清少納言が紫式部の夫を批判したことや当時の政治的背景も影響しているともいわれるが、漢字は男性が使うものとされて読めないふりをしていた紫式部に対し、真逆の対応をした清少納言を毛嫌いしていたようだ。
定子の死後、宮仕えを辞した清少納言は、亡父・元輔の山荘があった東山月輪のあたりに住んだとされるが、没年は不明で墓所は各地に伝承されるなどはっきりしていない。

平安末期▼藤原摂関家が衰退

東大の入試問題になった「藤原摂関家は、なぜ衰えたのか?」の答え

藤原頼通《ふじわらのよりみち》
(992-1074)

「次の文章は、数年前の東京大学入学試験における、日本史の設問の一部と、受験生が書いた答案の一例である。当時多くのものが、これと同じような答案を提出したが

低い評点しか与えられなかった。なぜかを考え、設問に対する新しい解答を5行以内で記せ」

これは、1983年度の東大入試問題の一部で、受験生の答案にダメ出しをして、数年前と同じことを再度問うというもの。もともとは「藤原摂関家はなぜ衰えたのか？」という問題だ。東大入試では、このように暗記科目と見られがちな日本史において、単なる知識だけでは解けない、どこまで自分の頭で考えられるかを問うといったクセのある独特な問題が多くある。

解答例としては、「摂関期には天皇家との外戚関係が重視されたため、実際に摂政・関白の地位にある者よりも、娘や孫が皇太后となった者のほうが、天皇の後見人として官吏の任免権を握っていた。一方、院政期には、上皇が天皇の父方の立場から院政を行ない、法や先例を打破していったため、摂関家は外戚といえども発言力が弱まったから」である。

さて、藤原氏はこの解答例のように、じつは関白にならず左大臣として貴族の人事権という実質的な権限を握り続けた藤原道長の時代から、子の頼通の時代以降、権勢が失われていく。道長が4人の娘を嫁がせて皇后とし、天皇との外戚関係を確固たるものとしたのに対し、頼通の娘には皇子が生まれず、藤原氏の影響下にない後三条天皇の即位を許し、藤原摂関家の勢力は弱まっていった。

やがて実権は藤原氏から武家に移っていく。源平の争乱に巻き込まれるなか、摂関職を独占していた道長の嫡流子孫である御堂流《みどうりゅう》が分裂。鎌倉時代にかけて近衛家・鷹司《たかつかさ》家・九条家・二条家・一条家へと分かれ、1273（文永10）年に「五摂家」体制が確立された。

五摂家は公家の最高格式として継承されていき、政治の中枢とは距離を置くものの、公家社会では一定の影響力を持ち続けることになった。

明治維新後、公家は華族となり、貴族院を通して政治でふたたび存在感を見せた。貴族院から近衛家の第30代目当主・近衛文麿が首相（第34、38～39代）に選出されている。さらにその孫が、第79代内閣総理大臣の細川護熙だ。藤原氏は、衰えたあとも現代までしっかり続いているのだ。

1473年▼山名宗全、細川勝元が死亡

応仁の乱で争った山名氏と細川氏の存在感が薄くなったワケ

山名宗全《やまなそうぜん》
(1404-1473)

細川勝元《ほそかわかつもと》
(1430-1473)

1467（応仁元）年から11年も続いた応仁の乱は、京都を荒廃させた。東軍の総大将・山名宗全と西軍の総大将・細川勝元は、ともに西国の有力な守護大名で、幕府の要職を務めた。人望もあり、政治手腕も悪くなかったが、乱を収拾できなかった。足利将軍家を十分補佐できず、傘下の武将を統率できなかったことは否めない。

当時の証言によると、宗全は高齢であったため体調が悪く、筆を執ることもままならなかった。気力も衰えがちで、自殺を図ったこともあったようだ。対する勝元も、途中から戦いよりも医学の修得に力を入れていたらしい。

じつは宗全の娘は勝元に嫁いでおり、両者はもともと仲は悪くなかった。互いに最初は事態を解決させようとしたが思うようにいかず、しだいにやる気が失せたらしい。

乱の勃発から6年後、1473（文明5）年、宗全は69歳で病死、その半年後に勝元も急死してしまう。そのあとはまさに無益な戦が続き、1477（文明9）年にようやく大名たちが和睦に合意して終束した。

この戦いは幕府の権威を弱体化させたことで知られる。同時に山名家・細川家の威信も地に落ち、両者の衰退がはじまった。

山陰を中心に全国11カ国を有した山名家は、応仁の乱の最中から赤松家など近隣の守護大名たちから攻められた。加えて一族が次々に離反して所領を失っていく。最盛期には日本全国の6分の1を治めて「六分の一殿」と称された山名氏だが、戦国時代になると因幡（鳥取）をかろうじて治める程度まで没落し、織田信長や毛利元就に圧迫され、最終的に国を失っている。家名だけは江戸時代もかろうじて継続した程度だ。

一方の細川家は勝元の死後も勢力を維持した。勝元の息子で宗全の孫にあたる政元が父と同じ管領に就いており、幕府の実権を握っている。一時は「半将軍」とも称されたが、1507（永正4）年に謀反で殺害される。実子がなかったことから家中の分裂を招いた。

以後、細川家は政元の3人の養子が争うことで衰えていく。ただし、応仁の乱以前から和泉（大阪府）にいた傍流から細川藤孝（幽斎《ゆうさい》）を輩出した。結果的に藤孝とその子孫が生き残り、息子の忠興は肥後（熊本県）を治める大名になった。存在感が薄くなった本家に代わって、分家が表舞台へ躍り出たのである。

1516年▼相模の新井城が陥落

天敵の「北条」に2度までも滅ぼされた相模の雄・三浦一族の悲劇

三浦義同《みうらよしあつ》
(?-1516)

その名にあるとおり、相模（神奈川県）の三浦半島を本拠とした三浦一族は、源平合戦において源頼朝の挙兵にいち早く駆けつけて以来、多くの手柄を立てた。鎌倉幕府が開かれると、執権の北条家に次ぐ地位にあった。

しかし、北条家は幕府内での独裁体制をもくろみ、有力御家人である安達家などの力を借りて、三浦家の排除に乗り出した。1247（宝治元）年、三浦家に対し、安達家は執拗な挑発をくり返したあげく、屋敷を襲撃する暴挙に出る。

自重してきた三浦家の当主・泰村もついに戦うことを決意した。ところが周到に合戦の準備を進めていた北条軍に追いつめられ、最終的に法華堂において一族500人が自害した。これは宝治合戦と呼ばれる。わずか半日で滅亡という悪夢のような事件であった。

三浦家を消したことで北条家による独裁は決定的となった。また、三浦家の滅亡に一役買った安達家も40年後には霜月騒動で滅ぼされている。

ただし、宝治合戦のあとも三浦家はしぶとく残っていた。末子が継いだ佐原家が宝治合戦に加わらなかったことを評価され、家の相続を許されたのである。佐原家に引き継がれた三浦家は、鎌倉時代末期に足利尊氏が挙兵した際に味方について活躍し、相模の守護職に任じられている。源氏の棟梁とは相性が悪くないようだ。

●戦国の三浦一族VS北条氏

さらに時が流れ戦国時代。三浦家は相模の半分近くを領有していた。そこに現われ

新井城があった三浦半島の油壺周辺

た新たな敵は、またしても北条であった。

　伊勢新九郎改め北条早雲は、伊豆から相模へと勢力を拡大したため、三浦家と争うようになったのだ。早雲は当初は同盟を結んでいたが、三浦家と関係の深い上杉家の力が弱まったところを見計らって、侵攻してきた。

　1510（永正7）年、領内に攻め込んだ早雲を、当主の三浦義同が迎え撃った。はじめは義同が有利だったが、態勢を整えた早雲が2年後にふたたび攻め入り、三浦家の城を次々に落とした。義同は、三浦半島の南端に築かれた新井城で最後の抵抗を続けた。三方を断崖に囲まれた新井城はさすがの早雲も攻めあぐね、籠城戦は3年にもおよぶ。

そして1516（永正13）年に義同は力尽き、新井城は北条軍の手に落ちた。義同は切腹し、嫡男の義意《よしおき》も壮烈な最期を遂げた。こうして、一族の多くが死に絶えたのである。三浦家は直接的な血のつながりこそないものの、天敵・北条に2度も滅ぼされたわけだ。

このとき、海面が死者の血で油に染まったように見えたことから、以後、新井城の周辺は油壺《あぶらつぼ》と呼ばれるようになった。現在も毎年5月の最終日曜日に、同地で義同はじめ三浦一族を供養するため、その僧名にちなんだ道寸《どうすん》祭がもよおされている。

ただし、三浦家は江戸時代も命脈を保った。関東をはじめ各地に一門の者が散らばっていたため、勝山藩藩主や徳川家の旗本などに三浦の名は残った。徳川も源氏の血を引く武家の棟梁。三浦一族は、どこまでも変わらなかったのである。

1582年▼武田家が天目山で滅亡

家康に保護されるも静かに消えていった超名門・武田家の名跡

武田信吉《たけだのぶよし》
(1583-1603)

徳川家康は、「甲斐の虎」と呼ばれた武田信玄の死の半年前、三方ヶ原の戦いにおいて大惨敗を喫した。背後から武田軍に攻めかかろうと考えた家康だったが、それを先読みした信玄に万全の構えで迎撃され、討死寸前まで追いつめられている。

命からがら居城に逃げ帰った直後、家康は慢心を自戒し「しかみ像」と呼ばれる肖像画を描かせたとされる。人生最大の危機だったこの戦の経験から、家康は信玄を憎むというより恐怖し、またその采配に強い畏敬の念を抱いたという。

三方ヶ原の戦いから10年も経たない1582(天正10)年、信玄の子・勝頼と、まだ元服もしていないその長男・信勝は、織田信長と戦って敗れ、天目山で自害した。ここに、源氏の血を引く名門武田家は滅亡したのである。

御家断絶を誰よりも惜しんだのは、勝頼を自害に追いこんだ信長の同盟者、家康だった。家を継いだ武田一族の穴山信君《のぶただ》(梅雪)の嫡男、勝千代(武田信治)が早世すると、家康は自身の五男・万千代丸に武田の名跡を継がせている。

武田家滅亡後に家康の側室となっていた万千代丸の母・於都摩の方は、もとは武田家臣秋山氏の娘であり、信玄の血を引いているわけではない。それでも、家康は武田の名前だけでも残そうと考えたのだ。

その後、万千代丸はいったん松平姓に戻って松平信吉となる。1600(慶長5)年の関ケ原の戦いでは江戸城の留守居を務め、1602(慶長7)年に大名として常陸(茨城県)水戸に入った。このとき、信吉はふたたび武田姓となり、旧穴山家臣を中心とする武田遺臣がつけられた。

こうして、家康の保護のもと、武田の名跡は引き継がれていくはずだった……。ところが翌年9月、もともと体が弱かった信吉は、跡とりもないままわずか21歳であっけなく死去。家康の思いもむなしく、戦国の名門武田家はついに御家断絶となってしまった。このあと水戸に入ったのが家康の十男頼将《よりまさ》(のちの頼宣《よりのぶ》)である。

ちなみに、宗家ではないが信玄の次男・信親の家系は残り、武田の血脈は現在も受け継がれている。信親の子孫は江戸幕府において高家旗本（儀式や典礼を司る役職に就く家格）として存続し、現在の17代当主まで続いている。

1582年▼織田家の凋落を招いた清洲会議

跡継ぎには選ばれなかったが……織田信雄の不思議な後半生

織田《おだ》信雄《のぶかつ》
(1558-1630)

織田信長の次男・信雄の一生は、織田家の衰退をよく表わしているといえる。

1582（天正10）年の本能寺の変の直後、伊勢（三重県）にいた信雄は、右往左往するばかりで、何もできなかった。いや、むしろ信長の居城であった安土城を焼くという不可解な失態まで犯してしまう。

弟の信孝は、信長の甥で自分の従弟にあたる津田信澄《のぶずみ》を、明智光秀に通じていると疑って殺害したあと、中国地方から戻ってきた羽柴（豊臣）秀吉と合流して仇討ちを果たした。

そして本能寺の変から半月後、尾張（愛知県）の清洲城で、信長の後継者を決める会議が開かれた。父の仇討ちに加わった異母弟の信孝は、織田家当主につけるチャンスがあったが、信雄は蚊帳の外であった。

ところが、秀吉が山崎の戦いで謀反人である光秀を倒したという立場を利用し、信長とともに死亡した長男・信忠の子である幼少の三法師を推し、自分がその後見人を務めることを認めさせてしまう。

このとき信雄は、織田家領地のうち、尾張などの相続を許されたこともあって、会議の決定に納得している。一方の信孝はこれを不服とし、重臣の柴田勝家らと秀吉を討つ準備を進めた。

秀吉はこれを察して翌１５８３（天正11）年に賤ヶ岳の戦いで勝家を撃ち破った。このとき、信雄は秀吉に味方して美濃（岐阜県）の岐阜城を攻め、信孝を切腹に追いやっている。じつは信孝は信雄より早く生まれていたが、母の身分が下であることから三男として扱われており、兄弟仲は悪く、それを秀吉に利用されたのだ。

１５８４（天正12）年、秀吉主導で天下統一が進められ、ようやく自分が利用されたことに気づいた信雄は徳川家康と手を組み、秀吉に戦いを挑んだ。

しかし家康が小牧・長久手で勝利したのに対し、信雄は秀吉の軍勢に攻め込まれ、風前の灯。そこへ秀吉から和睦が申し込まれると、信雄は家康に相談せずに応じた。

その結果、戦いは大義名分を失い、家康も戦いを中止せざるをえなかった。信雄はなおも尾張など100万石を有する大々名の地位にあり、秀吉の政権下においては、同じく秀吉の軍門に降った家康とともに重要な地位につくかに思われた。

1590（天正18）年、小田原征伐で秀吉の天下統一事業が完了すると、信雄は国替えを命じられる。これを拒絶したところ、領地を没収されたうえ追放となった。

信雄は、今や天下人となった秀吉が、かつての主君の息子でも取り潰すことができると、世間に示すためスケープゴートにされた感がある。ただし秀吉は、すぐに信雄を呼び戻し小大名として復帰させた。以後、信雄は秀吉の御伽衆に名を連ねている。秀吉も、さすがに主君の息子を取り潰しにしたままでは後味が悪いと考えたようだ。

その秀吉亡きあと、1600（慶長5）年に関ケ原の戦いが勃発すると、信雄は西軍についたせいでまたも大名の座を失ってしまう。しかし、信雄は運が良かった。戦後、姪の淀君のいる大坂城に住むことを許されている。14年後、大坂冬の陣がはじまると、城を出て徳川方に加わり、小大名に返り咲いた。じつは大坂城で徳川方に内通していたらしい。

信雄は信長の後継者から小大名に転落したが、戦国の世を生き残った。暗愚といわれ、ときに利用されながらも、織田家を守り抜いたという評価はできる。このあと、信雄の息子たちは父の領地を継ぎ、東北の天童藩などで幕末まで続いた。

ちなみに織田家を継いだ三法師こと織田秀信は13万石の大名であったが、関ケ原の戦いで叔父と同じく西軍につき、前哨戦で敗れた。結局、高野山に追放され、この地で亡くなっている。

1584年▼龍造寺隆信、沖田畷で戦死

いつ主従が逆転した⁉ 龍造寺家と鍋島家の奇妙な関係

龍造寺隆信《りゅうぞうじたかのぶ》
(1529-1584)

『佐賀化け猫騒動』という怪談がある。これは、肥前（佐賀県）の龍造寺家が、重臣の鍋島家によって乗っ取られたことにはじまる。非業の死を遂げた主人に代わって、その飼い猫が恨みを晴らそうとするストーリーである。

実際、佐賀藩35万7000石が江戸時代はじめに龍造寺家から鍋島家に取って代わられた交替劇がモデルになっている。発端は、1584（天正12）年の沖田畷の戦いで、当主の龍造寺隆信が島津軍に討ち取られたことだ。

跡を継いだ嫡男の政家は、病弱で大名としての器量に欠けていた。家臣たちの人望は、隆信を若いときから補佐し続け、隆信に諫言することも辞さなかった鍋島直茂に集っていた。

政家に代わって龍造寺家の采配を任されることになった直茂は、肥前に迫る島津家に対抗するため、豊臣秀吉に助けを求めた。3年後、豊臣軍が九州に攻め入るとこれに協力して島津軍を撃退している。

この功績から、九州平定後に龍造寺家は肥前を安堵される。ただし秀吉は、直茂の才覚を認め、病弱な政家に隠居を命じている。政家の嫡男・高房は、直茂の養子となった。

龍造寺家の名前は残ったが、直茂が大名となって主家の運営にあたった。こうして、主従の関係が逆転したのである。慎重な直茂は主君の政家をはじめ、龍造寺一族に敬意を払って優遇し続けたことから、家中に大きな混乱は起こらなかった。

1600（慶長5）年の関ケ原の戦いで直茂は西軍に味方しつつ、ひそかに東軍に通じて大量の兵糧を差し出すなどした。この功績から、徳川家康に肥前を安堵されている。

この数年後、江戸で暮らしていた高房は、本来自分が継ぐべき肥前を鍋島家に奪われたと不満を感じていた。やがて精神を病み、1607（慶長12）年に正室を殺害し、自殺しようとした。未遂に終わるも、その傷がもとで死亡している。

同年、政家も失意のうちに世を去った。この結果、鍋島家は佐賀藩の藩主として江戸幕府に認められ、直茂の息子・勝茂が初代藩主となる。龍造寺の一族は姓を改め、家臣となって仕え続ける。

また、幕末には、肥前藩で10代目藩主・鍋島直正が活躍した。西洋文明を積極的に導入し、先見に富んだ名君として知られている。

1614年▼里見忠義、改易

勝ち組だった12万石の大名・里見家のさみしすぎる最後

里見忠義《さとみただよし》
(1594-1622)

江戸時代に滝沢馬琴が書いた『南総里見八犬伝』は、里見家の姫とその愛犬の不思議な縁により、生を受けた8人の勇者が悪人や妖怪を懲らしめ、大軍に攻められた里見家の危機を救う勧善懲悪の物語だ。時代を超えて多くの人に読みつがれてきた。しかし実際の里見家は理不尽な末路をたどっている。

物語にあるとおり、里見家は房総半島の端にある安房(千葉県)の大名である。室町時代以来、北条家など近隣の大名と戦いながら、戦国時代末期までなんとか続いてきた。

1590(天正18)年、関東に徳川家康が移ってくると、当主の里見義康は徳川家とつながりを深めた。1600(慶長5)年の関ケ原の戦いでは、東軍についたことを認められ、館山藩12万石に出世した。小国ながらも国持ち大名である。

室町時代から続いてきた大名家は数少ない。厳しい戦乱の時代を生きのびた里見家は、この時点では勝ち組といえるだろう。

ところが3年後、義康は病気により、31歳でこの世を去る。跡を継いだ忠義はまだ9歳と年少であり、実際の政務は重臣たちに委ねられた。そんな里見家は徳川家の重臣・大久保忠隣《ただちか》と姻戚関係を結んだことで、いよいよ徳川家とつながりを深めた。

しかし1612（慶長17）年、忠隣は謀反や不正などの疑いをかけられ、突然失脚する。「大久保長安事件」だ。忠隣の失脚は里見家にも影響して減封の上で国替えを命じられた。当時、忠隣は幕府内でほかの幕臣と派閥争いを続けていた。これに加え、幕府は安房が江戸を攻めやすい場所にあたることから、里見家の排除を狙っていた可能性も高い。

忠義は身に覚えのない罪状を着せられ、安房を奪われてしまった。代わりに伯耆《ほうき》（鳥取県）の倉吉3万石を与えられるが、実際の石高ははるかに少なかった。1622（元和8）年、忠義は失意のうちに死去し、嫡男がいなかったため里見家は断絶した。ただし側室に生ませた3人の子が、かろうじて子孫を後世に残している。

このとき最後まで仕えていた里見家の者8人が殉死したと伝えられる。これが『南総里見八犬伝』の由来となったようだ。小説とは異なる里見家の最後は、小国の悲哀を感じずにはいられない。

1631年▼加藤嘉明が死去

大活躍したはずの「賤ヶ岳七本槍」。その後は、1勝6敗の負け組だった！

加藤嘉明《かとうよしあき》
(1563-1631)

織田信長横死後の実力者である羽柴秀吉と柴田勝家が近江（滋賀県）の賤ヶ岳で激突したのは、1583（天正11）年の4月だった。織田家を二分したこの戦いに勝利した秀吉は、織田家の実権を握り、天下統一事業を引き継ぐ。

この戦いで秀吉の配下にいた7人の若武者が躍動した。彼らは「賤ヶ岳七本槍」と呼ばれている。その七本槍は戦後どうなったのか。意外にも負け組に転落した者も多い。

①　福島正則　拝郷五左衛門を討ち取ったとも言われ、七本槍のなかでも格別に５００石の恩賞を受ける。関ケ原の戦いでは東軍に属し、その功により安芸広島49万石の大名となった。しかし、台風による水害で壊れた広島城を勝手に修復したかどで、将軍・秀忠から難癖をつけられる。さらに、人質として江戸に送るはずだった嫡男・忠勝の出発を遅らせたことなどから領国を没収され、川中島に転封となった。享年64。まさに負け組である。

②　加藤清正　関ケ原の戦いでは東軍につき、その功績から肥後（熊本）を与えられ、52万石の大名となる。その後は、徳川・豊臣の和解役を務めるも、１６１１（慶長16）年に急死。死因は徳川方による毒殺説もある。死後は三男・忠広が跡を継いだが統治はうまくいかず、１６３２（寛永９）年に改易となった。これも負け組である。

③　平野《ひらの》長泰《ながやす》　関ケ原の戦いで東軍に属したが、本戦に間に合わず目立った手柄はなし。また、大坂の陣では江戸留守居を命じられた。以後は波風を立てず、旗本として3代将軍・家光の時代まで生きのびた。享年70。子孫は3代で途切れている。長生き

賤ヶ岳七本槍の顛末

名前	顛末
福島正則	拝領500石 → 49万石／広島藩主 → 4万5000石／高井野藩に転封 → 享年64
加藤清正	拝領300石 → 52万石／熊本藩主→三男・忠広が改易
平野長泰	拝領300石 → 5000石／田原本村旗本→享年70
片桐且元	拝領300石 → 2万4000石／竜田藩主 → 方広寺鐘銘事件で大坂城退去 → 享年60
脇坂安治	拝領300石 → 5万3500石／大洲藩主 → 京都で出家 → 享年73
糟屋武則	拝領300石 → 関ケ原の戦いで西軍につき改易 → 没年不明
加藤嘉明	拝領300石 → 43万5500石／会津藩初代藩主 → 嫡男・明成が改易

はしたが、出世の面では負け組だ。

④ 片桐且元《かたぎりかつもと》　関ケ原の戦い以降も、豊臣家に属して秀頼を守ろうと奔走した。しかし、方広寺鐘銘事件で家康の策略にまんまとはまり、淀君から内通を疑われて大坂城を退去。夏の陣の終結から20日あまりのち、京屋敷にて60歳で死去。嫡男の孝利《たかとし》が跡を継ぐものの最終的には無嗣断絶となった。

⑤ 脇坂安治《わきざかやすはる》　関ケ原の戦いで西軍につくも小早川秀秋に呼応して寝返り、平塚為広・戸田勝成の両隊を壊滅させた。家督を譲ったあとは京都で出家し、73歳の

長寿を全うした。７人のなかで唯一ともいうべき勝ち組だ。

⑥ 糟屋《かすや》武則《たけのり》　そもそも出自がはっきりしない。関ケ原の戦いでは西軍につき、戦後改易されている。後に許されて徳川家臣となったという説もある。しかし、正確なことはわからず没年も不明。少なくとも勝ち組ではない。

⑦ 加《か》藤《とう》嘉明《よしあき》　九州征伐や小田原征伐など淡路水軍を率いて手柄を上げ、関ケ原の戦いでは東軍に属して石田三成の本隊と戦った。戦後は伊予（愛媛県）20万石の大名となる。その後も大坂夏の陣で武功を挙げるなど、家光が3代将軍となると従四位下に叙され、43万５５００石の会津藩初代藩主となる。ここまでは絵に描いたような成功者であるが、じつは会津への転封は本意ではなかった。表高20万石といわれた松山藩を実高40万石にまで発展させたにもかかわらず、その松山新城の完成を見ることもできなかった。また、嘉明の死後に跡を継いだ嫡男・明成は家老との折り合いが悪く、最終的に幕府が介入し改易される。子孫が近江（滋賀県）水口藩2万石となって名跡だけは保たれたものの子孫の転落ぶりは負け組である。

七本槍は、戦国の世では活き活きと力を発揮していた。だが、時勢が読めなかったり、子孫がヘマをしたりして幕府に目をつけられ、大半は負け組に転じてゆく。平和な時代には、槍働きのみでは生きられない——過渡期を生きた武将たちの宿命であった。

1716年▼徳川吉宗が8代将軍に就任

将軍後継争いに敗れた尾張の殿様「継友」とその弟「宗春」

徳川《とくがわ》継友《つぐとも》
(1692-1731)

徳川《とくがわ》宗春《むねはる》
(1696-1764)

徳川7代将軍・家継は4歳で将軍職に就いたが、わずか3年後の1716(正徳6)年に病死した。これで徳川宗家の血は絶えたことになるが、次の将軍候補として徳川御三家から有力な候補がふたりあがった。ひとりは尾張藩主の徳川継友、もうひとりが紀州藩主の徳川吉宗である。

幕府の首脳たちは、継友と吉宗のどちらを将軍にするか慎重に話し合った。家の格を考えて継友を推す声もあったが、6代将軍・家宣《いえのぶ》の正室・天英院が吉宗を推したこともあり、最終的に8代将軍は吉宗に決定した。

吉宗は、1705（宝永2）年から紀州藩主を務めていた。当時、藩は財政難に苦しんでいたが、吉宗みずから率先して倹約と新田開発に取り組み、10年で財政を立て直している。その手腕がやはり財政難に見舞われていた幕府に求められたようだ。

尾張藩は、家継が危篤に陥ったときそれを知るのが遅れて混乱した。さらに藩主が将軍になれなかったことで、屋敷からは怒鳴り声が続いたと伝えられている。

継友はその後も尾張藩主を続け、吉宗の改革にならって藩の財政を好転させたが、1731（享保15）年に死去した。嫡男がいなかったため、次に藩主になったのが継友の弟・徳川宗春《むねはる》である。当初、吉宗は宗春に目をかけ尾張藩主に推し、自分の名前から「宗」の字を与えている。しかし吉宗の倹約を中心とした享保の改革に対し、意外にも宗春は、減税や風紀の緩和に加えて大規模な消費を奨励する政策を実施した。

続いて宗春は、藩主就任の翌年、『温知政要』を出版している。倹約令を真っ向から批判し、法令を少なくすることや、大がかりな消費による経済の活性化を説いている。幕府と将軍にけんかをふっかけるようなものである。ほどなく吉宗は、『温知政要』

の出版差し止めを命じ、尾張に詰問の使者を差し向けている。
7年後の1739（元文4）年1月、幕府は、尾張藩に宗春の藩主罷免を命じた。大がかりな消費は藩の財政を好転させるどころか、大きな借財を重ねてしまい、また取締まりを緩和したことが風紀の乱れを招いたとされる。
宗春は、屋敷に謹慎させられ、亡くなってからも墓に金網をかぶせられている。もっとも名古屋では根強い人気があり、宗春の政策を再評価する声も少なくない。

1786年▼田沼意次が失脚

悪名高きワイロ政治家・田沼意次。その不当すぎる評価と子孫の顛末

田沼意次《たぬまおきつぐ》
(1719-1788)

田沼意次といえばワイロ政治——もはや代名詞のように言われるが、日本史の教科書をよく読んでみると、功績もしっかり書かれている。

意次が登場するまでの幕政は、8代将軍・吉宗が推奨した重農主義であった。天候に左右される年貢米に頼るだけの財政には限界があると考えた意次は、商工業者の団体である「株仲間」を積極的に公認して税金を徴収したり、外国との貿易を活発化したりする重商主義政策をとった。

これは吉宗の子で9代将軍・家重、家重の子で10代将軍・家治にも支持されていたという。

意次の政策は多岐にわたり、印旛沼や手賀沼の干拓、ロシアとの貿易を見据えた蝦夷地の開拓など次々と着手して財政を劇的に改善しようと刺激を与え続けた。結果、民間業者が活躍する機会が増え、文化や芸術の発展にもつながったとされる。その反動で役人と民間人が接触することになり、贈収賄が横行してしまう。こうした腐敗の矛先が意次の評価につながった点は否めない。

また、意次のあとに老中を務めて改革を担った松平定信（192ページ）が、私怨もあって意次の悪評を広めた。これが明治以降も引き継がれ、悪徳政治家というイメージが固まってしまったのだ。

外国との貿易を黒字化させて国内の金保有量を高めたり、蘭学を手厚く保護したりと幅広い視点があり、士農工商の枠にとらわれない実力主義に基づく人材登用を試みるなど、意次の改革は現代から見ればごくまっとうである。

だが、革新的で急激な改革は、保守的な幕閣の反発を買い、飢饉の発生も重なって不満が強まっていく。

1784(天明4)年、息子で若年寄の田沼意知《おきとも》が江戸城内で暗殺されると、意次の勢いは一気に衰える。2年後に意次は老中を罷免され、大坂にある蔵屋敷にあった財産は没収、江戸屋敷の明け渡しも命じられている。

失意の意次は、1788(天明8)年6月に名誉を回復させぬまま死去。暗殺された意知以外の3人の子はすべて養子に出されていたため、孫の龍助が相良(静岡県)から陸奥に転封されてしまった。その後、水野家から出戻った意次の四男・意正が11代将軍・家斉の時代に旧領の相良に復帰を果たしている。

1793年▼松平定信が老中を辞職

失脚後に自分が提案した政策で苦しんだ？厳しすぎた松平定信の「まさかの悲劇」

松平定信《まつだいらさだのぶ》
(1759-1829)

「白河の清きに魚も住みかねてもとの濁りの田沼恋しき」

これは、松平定信の寛政の改革があまりに厳しいため、うんざりした庶民が汚職にまみれていても華やかだった田沼意次（189ページ）時代を懐かしんで詠んだ歌だ。

老中に就任した定信は、役人の賄賂を徹底的に否定した。庶民に対しても風紀取締りを強化し、贅沢品も公衆浴場での混浴も禁止した。また出版統制を行ない、洒落本作者や版元の蔦屋重三郎《つたやじゅうざぶろう》などを処罰するといった対応でのぞんだ。

役人だけでなく庶民にまで倹約を強要する政策によって、経済や文化は一気に停滞。江戸湾の海防強化を提案したり、人足寄場を設置したりと新しい政策も試みており、飢饉対策などで一応の成果はあげたものの、幕府内はもちろん多方面から批判や不満が続出。結局、定信は老中就任から6年で失脚してしまった。

その後の定信は、歌に詠まれた領地・白河の藩政に専念する。白河藩は山間部のため実収入が少ない。定信は苦しい藩財政をなんとかしようと馬産を奨励し、農村人口を増やして生産性を上げるために間引きを禁じて赤子の養育を奨励した。こうした政策で藩財政は潤い、地元では名君として慕われている。

ところが、寛政の改革の折に定信が提案した江戸湾などの海防強化が1810（文化7）年に実施されることとなり、最初の駐屯は定信の白河藩に命じられた。言い出しっぺがまずやれ、というわけだ。これが白河藩の財政を大いに圧迫した。

さらに1829（文政12）年、神田佐久間町河岸から出火した火が日本橋から芝まで広がり、江戸屋敷にいた定信は避難することとなった。その際、定信は屋根つきの大きな駕籠に乗せられ、寝たまま搬送された。道がふさがれたせいで民衆は大迷惑。しかも家人が邪魔な町人を斬り殺したという噂が立った。

「越中が、抜身で逃る、其跡へ、かはをかぶつて、逃る越前」（定信が抜身で逃げてゆく。そのうしろには防火用の皮をかぶった水野忠邦が続く）と定信を揶揄するビラもまかれる始末……。これはかつて出版統制を行なった定信に対する業界の仕返しであったといわれている。まさに因果応報、みごとな復讐を食らった定信は、避難した松山藩の仮屋敷で、静かに息を引き取っている。

1843年▼水野忠邦、老中罷免

改革に失敗してクビになった水野忠邦。老中に復帰するも「木偶の坊」になっていた

水野忠邦《みずのただくに》
(1794-1851)

幕府の財政を再建するために水野忠邦が断行した天保の改革は、土地を没収する上《じょう》知《ち》令が大名・旗本と領民の双方から強い反対を受けるなどの理由で失敗したとされる。松平定信（192ページ）の寛政の改革と同様、質素倹約を強いる改革は庶民の反発が大きく、暴徒と化した庶民が忠邦の屋敷を襲撃するなどの騒動となった。

そもそも忠邦は、大坂城代を皮切りに京都所司代、侍従に昇進し、ついには老中を務めたエリートだった。本人にとって改革の失敗は、初の挫折と言えるだろう。

失脚したあとの忠邦の足取りを見ると、意外なことがわかっている。1843（天保14）年に老中を罷免されたあと領国に戻った。ここで忠邦は松平定信と異なり、藩政を家老たちに任せている。すっかり心が折れてしまったのだ。

その半年後、転機が訪れた。幕府の要請もあって忠邦は老中に復帰する。これは外国問題の紛糾などが理由で、本人が望んでそうなったわけではなかった。前年の12月にイギリス艦が宮古・八重山諸島を測量したり、この年の3月には、フランス船が琉球にきて通商を求めたりと、外交問題が瀕発した。高まる諸外国からの外圧に対応できる人材がほかにいなかったわけだ。

復帰したとき、忠邦は50歳。現在ならまだまだ働ける年齢だが、当時の平均寿命（男性42・7歳）はすでに超えており、ご長寿であった。

不本意ながら、老中首座に返り咲いた忠邦は、失脚したときに自分を裏切った土井利位《としつら》や鳥居《とりい》耀蔵《ようぞう》らを罷免するなどの報復人事を断行した。

ただ、かつての才気あふれる改革者の面影はそこになく、内部監査役的な役人だった久須美《くすみ》祐雋《すけとし》の記録には、「木偶人御同様」と書かれている。木偶の坊のように、ぼんやりと過ごす日々だったようだ。結局、頭痛や下痢、腰痛、発熱などを理由にたびたび欠勤した忠邦は、ついに1845（弘化2）年2月、みずから職を退いた。

その後、部下の不正が明らかになるなどして忠邦は屋敷を没収されて強制隠居の上、謹慎処分となる。そして1851（嘉永4）年、失意のまま三田の下屋敷で死去する。

だが、忠邦の子孫には、老中首座となった嫡男・忠精《ただきよ》をはじめ、明治時代には忠精の長男・忠弘が子爵を授爵。さらに慶應義塾大学の名誉教授なども輩出している。

1914年▼徳川家達、内命を固辞

幻の16代将軍・徳川家達は、総理大臣候補だった？

徳川家達《とくがわいえさと》
(1863-1940)

1868（明治元）年、15代将軍・徳川慶喜は新政府に恭順の意を示すため隠居し、徳川宗家16代目は、徳川御三卿の田安家から、4歳の家達が継いだ。

1871（明治4）年の廃藩置県からしばらくあと、家達はイギリスでの5年にわたる留学を経て、帰国後は1890（明治23）年に貴族院議員に就任、13年後に貴族院議長に任命されている。徳川家の名誉は回復しつつあった。

そんな家達について、1914（大正3）年、元老たちから総理大臣に推す声があがり、大正天皇も家達を皇居に呼び、内閣を組織すべしと内命を与えている。家達は10年以上、貴族院議長を務め続け、総理大臣に就任しても申し分ない年齢・体力・見識に達していた。

ところが家達は内命を固辞し、元老たちからの説得にも頑として首を縦にふらなかった。結局、大隈重信が総理大臣に就任した。

なぜ家達は、総理大臣を辞退したのか？「徳川家は、15代将軍・慶喜をもって政治については一段落したと考えており、万一、失政を犯したら、ようやく回復した徳川家の名誉は大きく損なわれる」との証言がある。当時の新聞にも、「ただ漫然と総理大臣になるのは止めたほうがよい。今回は辞退するのが賢明である」と書かれている。当時、薩長による藩閥政府内では、シーメンス事件などの不正事件が相次いでいた。家達を総理大臣に就任させることで、政治不信をそらそうとしたようだ。

また勝海舟の助言もあった。勝は、すでに亡くなっていたが、生前、家達に徳川家の地位が利用されることを危惧し、政治にかかわることを控えるようアドバイスした。家達はそれに従い、文部大臣や東京市長に誘われた際も、これも断わっていた。

徳川内閣は幻に終わったが、家達は外交や福祉において活躍している。第一次世界大戦後のワシントン軍縮会議に全権委員として出席し、日本赤十字社社長に就任するなどの活動がある。さらに日中戦争で中止となったが、1940（昭和15）年の東京オリンピックを実現すべく、招致委員会の会長として外国との交渉にあたっている。

同年6月に家達は76歳で亡くなった。徳川家のみならず、日本のため、明治・大正・昭和と力を尽くした生涯は、歴代の徳川将軍の実績にくらべても見劣りしないだろう。

5章

現代まで続く、あの有名人の子孫たち

1062年▼安倍貞任が戦死

源頼義、義家親子に討伐された安倍氏の子孫は、なんと総理大臣！

安倍貞任《あべのさだとう》
(1019?-1062)

平安時代中期、奥州（東北地方）に勢力を誇った安倍貞任は、前九年合戦で源頼義の率いる軍勢と衝突。頼義の息子で八幡太郎と呼ばれた義家と五分にわたり合うなど善戦する。しかし、同じ蝦夷の清原氏が頼義側についたため不利な状況に追い込まれ、貞任は深手を負って捕らえられた。

引き出された貞任は、頼義をにらみつけたまま絶命したという。貞任の首は丸太に打ちつけられ、妹婿として一緒に戦った藤原経清の首とともに京都にさらされた。

こうして安倍氏は滅びたが、貞任の妹婿であった藤原経清の遺児が清原氏の養子となり、のちに奥州藤原氏を興して栄華を誇る。ただし、平安時代末期に源頼朝に攻め滅ぼされ、4代で絶えた。

安倍家に関連する家系図と歴代首相

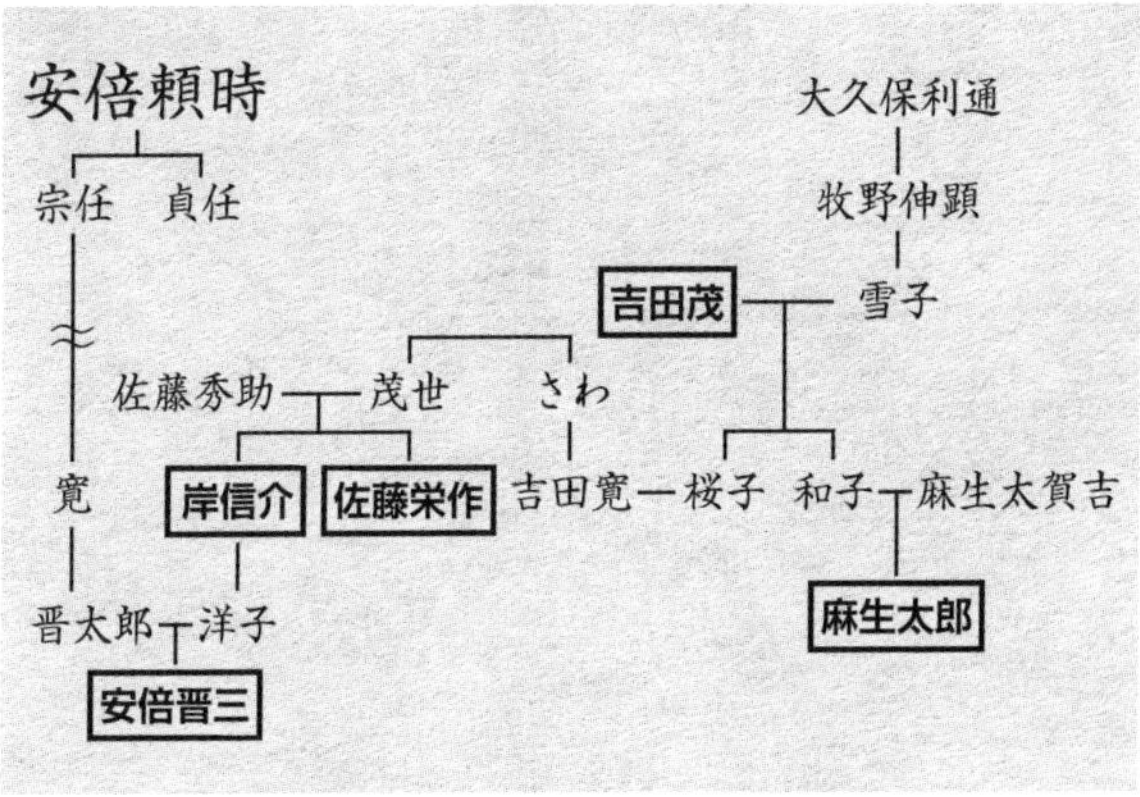

複数の首相経験者が姻戚関係でつながっている

平安時代以降も安倍氏の血脈は途絶えることなく、東北地方の豪族たちに受け継がれた。そして明治維新後には、なんとふたりの総理大臣を輩出している。第37代の米内光政と、第90、96、97代の安倍晋三だ。

貞任の長男の千代童子は、13歳の若さで自害させられたが、次男の高星丸は乳母に連れられ陸奥藤崎（青森県）に逃れた。高星丸は、戦国大名・安東氏の祖となったという。安東氏は室町時代に分裂したものの、戦国時代に安東愛季《あんどうちかすえ》が統一した。朝廷から秋田城介の官位を与えられて秋田氏を名乗り、子孫は陸奥三春藩5万石の大名となった。

この愛季の7代前の盛季の孫は、分家して岩手の一方井《いっかたい》に移り住み、一方井氏を名乗った。さらにその子孫が岩手郡米内郷に分家を立てて米内氏を名乗った。この米内氏の子孫にあたるのが米内光政だ。

光政は、海軍に入って順調に勲功をあげると海軍大臣となり、太平洋戦争開戦の直前に総理大臣に就任した。日独伊三国同盟や日米開戦に反対したために解散に追い込まれたが、終戦間際に海軍大臣に再任され、戦争終結と戦後処理を推進した。

●安倍氏の末裔・安倍晋三の華麗なる系譜

貞任の弟・宗任は武勇にすぐれていたことで、命を救われた。宗任の才能を惜しんだ義家により助命され、伊予（愛媛県）に流されたのだ。その後、筑前（福岡県）に移されて九州で没したが、宗任の子は肥前（佐賀県）の松浦党《まつら》の婿となった。奥州の名門の血が、遠い九州で受け継がれることになったのだ。松浦党は、源平合戦では源氏に味方したが、一部が平氏に味方したため、平氏滅亡後は名をはばかって安倍氏に戻したという。

この宗任の子孫とされるのが、元総理大臣の安倍晋三である。父の安倍晋太郎が宗任から数えて41代目であると自認したという。

晋太郎の妻の父が岸信介であり、晋三の祖父にあたる。大叔父にはノーベル平和賞を受賞した佐藤栄作。さらに系図をたどると、曾祖父の姉が吉田家に嫁ぎ、その子が吉田茂の娘と結婚している。その甥が麻生太郎――首相経験者が軒並み名を連ねる華麗なる一族だった。

1577年▼松永久秀、信貴山城で爆死

茶器とともに爆死した松永久秀の子孫がケータイサービスの生みの親となった!

松永久秀《まつながひさひで》
(1510?-1577)

松永久秀の前半生は不明である。信長に「三悪(将軍の殺害、主家を滅ぼす、大仏殿の焼き討ち)を成した老人」といわしめた悪名高さと派手な最期から、歴史ファンに人気だ。

久秀は1568(永禄11)年に信長が上洛すると、いち早く降伏。その後は織田家の一武将として戦うが、2度も信長を裏切っている。癇癪もちで裏切りなど許さないはずの信長だが、1度目は久秀を帰参させて許し、2度目も名器「平蜘蛛釜」を譲れば許すと寛大な態度を見せた。久秀がいかに有能であったかがわかるだろう。

ところが久秀は、平蜘蛛釜を信長に献上することを拒絶した。そして城に火を放ち「平蜘蛛釜」に火薬をつめて爆死――という最期は創作で、実際には自害または焼死であったとされる。東大寺大仏殿を焼き払った日からちょうど10年目の1577（天正5）年だった。嫡男・久通《ひさみち》は久秀とともに自害したとされ、久通のふたりの子も六条河原で信長に処刑され、一族は滅亡と見られていたが、久秀には永種《ながたね》という子がいたとも言われる。

その永種の子・貞徳《さだのり》は朝廷に「俳諧宗匠」の免許を許され、1615（元和元）年に私塾を開くなど、俳諧師として活躍した。貞徳の塾は『貞門派』と呼ばれ、一大流派をなした。また、貞徳の子・尺五は儒学者として京都に私塾を開き、多くの子弟を育成した。

久通には彦兵衛という子がいたと伝わる。松永彦兵衛は筑前（福岡県）博多で質屋を開業し、豪商となった。その子孫は佐賀藩士の子から海軍中将として活躍した松永貞市《さだいち》がいる。貞市は第二次世界大戦のマレー沖海戦において、航空隊指揮官としてイギリス東洋艦隊を壊滅させたことで知られる。また、貞市の長男・市郎も海軍大尉で、戦後に『思い出のネイビーブルー』など、海軍関係の戦記物を得意とする作家となった。

その市郎の娘・真理は就職情報誌の編集者として活躍したのち、現在のＮＴＴドコモに入社する。そこで「ｉモード」の開発に携わった。このサービスは、携帯電話の普及に一役買ったのだ。下剋上の代名詞と呼ばれた久秀の子孫たちは、多岐にわたる才能を開花させていたのである。

1582年▼坂本城へと落ちのびる明智光秀が死亡

謀反人・明智光秀の子孫は、あの人気ラジオDJだった！

明智光秀《あけちみつひで》
(1528-1582)

本能寺の変で織田信長に謀反したものの、羽柴秀吉に敗れて三日天下に終わった明智光秀は、関ケ原の戦いで西軍から東軍に寝返った小早川秀秋と並ぶ、日本史における最大の裏切り者だ。その最期は悲惨で、落ち武者狩りの農民に竹槍で刺され、重傷を負ったために自害したといわれている。

光秀の死後、娘婿の秀満、嫡男の光慶《みつよし》や妻子はすべて自害し、明智家は断絶した。しかし、他家に嫁いだ娘たちは生き残っている。大名の細川忠興に嫁いだ三女の玉（ガラシャ）は、関ケ原の戦いで自害したものの、熊本藩主となった忠利などを産んでいる。名が伝わっていない四女は織田信長の甥にあたる津田信澄に嫁いだ。信澄は信長と家督を争って敗れた弟・信行の子で、本能寺の変後に光秀の一味とみなされて殺されている。

まさに負け組中の負け組と言えるが、この四女の子・昌澄がのちに徳川秀忠に仕えた。2000石の旗本として召し抱えられ、幕末まで命脈をつないでいる。

こうした女系の子孫ばかりではなく、光秀の遺児が落ちのびて子孫を残したという説もある。光秀の子孫を自称する家は、現代も複数存在しているのだ。謀反人の子孫であるため、ほとんどが姓を変えてひっそりと暮らしてきたという。

そんななか、意外な人物が子孫である可能性が高いことが判明した。ラジオＤＪとして人気のタレントのクリス・ペプラーだ。ドイツ系アメリカ人の父と、日本人の母との間に生まれているクリスの母の旧姓は土岐である。

土岐氏といえば、斎藤道三に国を追われた元美濃（岐阜県）守護の土岐《とき》頼芸《よりなり》が本家筋で、明智氏はその支流にあたる。クリスは、幼少期に祖母から「あなたは明智光秀の末裔なのよ」と教えられて育ったという。テレビのバラエティ番組で実際に検証してみたところ、祖母の墓石には、土岐氏や明智氏が使用する桔梗紋が使われていた。

さらに土岐氏の家系図を検証すると、頼芸の孫にあたる頼勝に光秀の実子説があることが確認された。クリスの母の祖先がこの頼勝ということが判明し、「100％とはいえないまでも光秀の末裔と呼んで差し支えない」との見解が示されたのだ。

なお、この検証を行なったのは、自身も光秀の子孫を公言する歴史研究家の明智憲三郎。彼もまた、光秀と側室との間に生まれた於寉丸《おづるまる》の末裔を名乗っている。

1583年▼北ノ庄城にて市が自害

現代の皇室にも流れていた！悲劇のヒロイン・市の華麗なる血脈

市《いち》
(1547-1583)

清洲会議において、織田信長の孫・三法師が織田家を継ぐことが決まったのは有名だが、じつはもうひとつ重要なことが決まっている。信長の妹である市が、柴田勝家に嫁ぐということだ。会議の主導権を奪われてしまった勝家だが、妻を娶《めと》っていたのである。

ただし、この結婚生活はわずか1年で終わる。1583（天正11）年、賤ヶ岳の戦いで勝家が敗れると、市は3人の娘を逃がして夫とともに自害した。前の夫の浅井長政と2度続けて負け組に嫁いだ市は、戦国時代における悲劇のヒロインだろう。

その娘たちは勝者と敗者に分かれた。長女の茶々は、天下人となった豊臣秀吉の側室となり秀頼を産むが、大坂の陣で自害。次女の初は、いとこにあたる京極高次（の

天皇家、将軍家につながる市の血脈

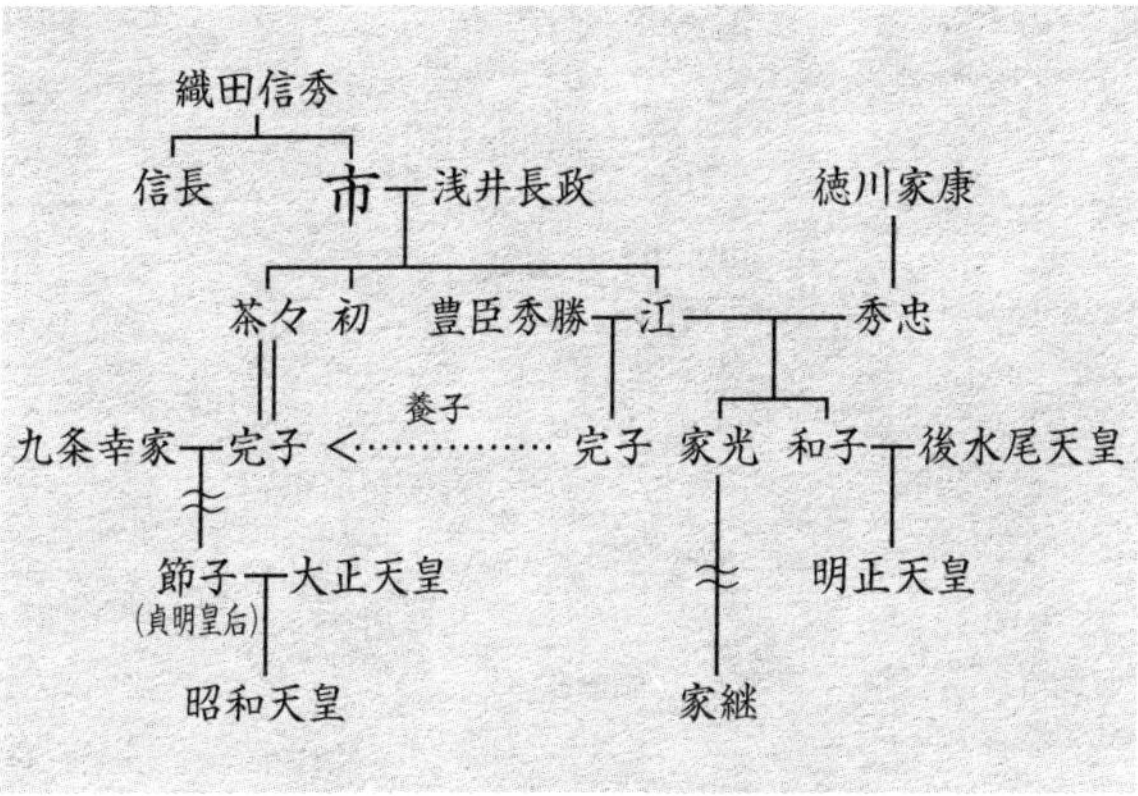

市とその娘たちの血脈は、当時の将軍や天皇にもつながっていた

ちに小浜藩主）の正室となった。三女の江は、信長の甥にあたる佐治一成に嫁いだが離縁させられ秀吉の甥・豊臣秀勝に嫁いだ。秀勝の死後は2代将軍・徳川秀忠の正室となる。秀忠より5歳年上であったが夫婦仲は円満で、2男5女をもうけている。3代将軍・家光も江の子だ。市の血は徳川将軍家につながったが、7代将軍・家継でついに途絶えてしまった。

一方、江の長女・千姫は豊臣秀頼と結婚したが、大坂の陣で秀忠のもとに返された。次女の珠姫は加賀（石川県）の大名・前田利常《としつね》に、三女の勝姫は松平忠直《ただなお》に、四女の初姫もいとこの京極忠高に嫁いだ。そして、末娘の和子が、後水尾天皇の女御として入内したのは1620（元和6）年のことである。

和子の入内は、幕府による朝廷対策の一環だったといえる。秀忠は、禁中並公家諸法度を制定して天皇の行動に制限をつけた。これに不満を持つ後水尾天皇は、和子の入内に乗り気ではなかったが、多額の持参金と調度品などをつけられて断わりきれなかったという。

●皇室に入った市の血脈

あからさまな政略結婚ではあったが、意外なことに和子と後水尾天皇の関係は良好で、2皇子5皇女をもうけている。1629（寛永6）年、後水尾天皇は和子との間にもうけた5歳の娘を明正天皇として即位させた。48代の称徳天皇以来、約850年ぶりの女性天皇誕生である。ついに市の血は天皇へとつながったのだ。

実際は後水尾上皇による院政で、明正天皇に実権はなかった。15年弱の在位ののち、異母弟の後光明天皇に譲位して出家し、法皇となっている。

和子の生んだ皇子はふたりとも早くに病死してしまい、娘たちはそれぞれ摂関家などに嫁いでいった。

しかし、意外なところで市の血脈は続いていった。江と豊臣秀勝との間に完子《さだこ》という娘があった。江が秀忠に嫁ぐとき、完子は茶々（淀殿）の養子となって、摂関家の九条幸家に嫁いでいる。この幸家と完子の間に生まれた道房に、江の孫娘が嫁いで血をつないだ。

その子孫にあたるのが、大正天皇の皇后となった貞明《ていめい》皇后（九条節子）、つまり今上天皇の曾祖母である。市の血は、現代の皇室にも流れているのだ。

1879年▼「琉球処分」で琉球王朝が滅亡

いつの間にか東京に移り住んでいた？ 琉球王朝の末裔のゆくえ

尚泰王《しょうたいおう》
（1843-1901）

沖縄諸島を統治した琉球王朝は、15世紀に第二尚氏によって統一されたが、1609（慶長14）年、薩摩の島津氏の侵攻を受ける。7代国王の尚寧《しょうねい》王は降伏し、以後薩摩藩への貢納を約束させられた。一方で、貿易を続けるために大陸の明や清にも朝貢を続けた。

1872（明治5）年、明治政府は、琉球藩を設置すると19代国王の尚泰王を藩王に任命し、侯爵位を贈って華族に列した。しかし、廃藩置県により沖縄県が設置されると、尚泰王は東京に強制移住となり、ここに琉球国は滅亡した。

千代田区九段に屋敷をかまえた尚侯爵家は、東京でも華族として大藩並みに厚遇された。長子の尚典《しょうてん》は、貴族院議員として活躍した。だが、沖縄県となった琉球への望郷の念は強く、大正時代に沖縄に戻って首里で没している。

尚侯爵家は尚典の子の尚昌《しょうしょう》、その子の尚裕《しょうひろし》へと継がれた。尚裕は海軍大尉となったが、尚家に伝わる1000点以上の美術品、古文書の保護に努めた。高温多湿の沖縄での保存が難しいため東京の台東区に寄贈したが、沖縄県民から猛批判を浴びた。ただ、この措置が沖縄の貴重な文化財を守ったことも確かである。玉陵、識名園など、尚氏が個人管理していた史跡も那覇市に寄贈し、1996（平成8）年には那覇市名誉市民の称号が贈られた。尚裕の残した文化財は、のちに沖縄県初の国宝に指定されている。

また、尚泰王の六男・尚光《しょうこう》は東京にとどまり、その子の尚明《しょうあきら》は官僚となった。東京帝国大学卒業後、大蔵省、建設省を経て、1966（昭和41）年には日本住宅公団の初代住宅計画部課長を務めた。その後も日本住宅リフォームセンターの初代理事長となるなど、日本の住宅事情の改革を推進。現在、多くの家庭に当たり前のようにある、ダイニングキッチンの設置を提唱した人物でもある。

尚明の妻となった道子の母・つるも3代琉球王・尚真《しょうしん》王の後裔にあたる。「日本のカキ王」と呼ばれた宮城新昌と結婚して、道子が生まれた。料理研究家となった道子は、NHK『きょうの料理』で講師を務めた。子どものお弁当の定番おかずである、タコウインナーの考案者でもある。尚明と道子の間に生まれた尚承《しょうつぐる》も、料理研究家になった。NHKの朝の連続ドラマ『ちゅらさん』では沖縄料理指導を担当し、母と同じ『きょうの料理』の講師も務めている。琉球王の子孫は、キッチンでつながっていると言えるだろう。

日本の偉人の代表格・坂本龍馬の子孫は、現在、どこで何をしている？

坂本龍馬《さかもとりょうま》
(1836-1867)

負け組と断じるのは少し違うかもしれないが、暗殺された龍馬に子どもはいない。妻であるおりょうも、婚約者だったという千葉さな子も、どちらも身ごもることはなかった。

だとすれば、「坂本龍馬の子孫はいない」ということになるのだが、龍馬の名跡を引き継いだ者はいた。龍馬の甥にあたる坂本直《なお》だ。

1871（明治4）年、明治政府は坂本龍馬の名跡が絶えることをよしとせず、土佐（高知県）郷士・高松順蔵に嫁いだ龍馬の姉・千鶴の長男の太郎を、龍馬の養子としてその名跡を継がせた。直の名は、龍馬の本名である直柔《なおなり》からとったものだ。海援隊士として叔父の龍馬のそばにいたことから、抜擢されたといえる。

また、龍馬の実家である坂本家にも男子がいなかった。そこで、同じく千鶴の次男の直寛《なおひろ》を婿入りさせて継承させた。龍馬を輩出した坂本家の血筋は、姉の千鶴を通して後世に伝えられていったのだ。

直は函館裁判所の権判事を務め、のちに宮内省に籍を置いた。直の子は夭折していたため、直が亡くなると、養子の直衛《なおえ》が跡目を継いだ。この直衛も子を残すことなく死んだため、弟の直寛の子である直道《なおみち》が再度養子で迎えられている。結局、直道の子も子孫を残さなかったため、龍馬系の坂本家は5代で絶えることになった。

一方、坂本本家はその後も残った。

1897（明治30）年、直寛は北海道に移住した。直寛は叔父の遺志を継ぐかのように、北見のクンネップ原野の開拓移民団のリーダーとなった。龍馬は京都にあふれる浪人たちを蝦夷地（北海道）に連れて行き、開拓事業に従事させようと計画していたという。翌年には大洪水に見舞われて大きな被害を受けるなど、開拓には大きな苦難が伴い、交流のあった板垣退助らに援助を求めている。また、直寛は熱心なキリスト教徒でもあり、晩年は牧師として布教に努めた。

直寛の跡目は娘婿の弥太郎が継ぎ、孫の直行《なおゆき》へと続く。直行は「チョッコウ」とも呼ばれ山岳画家として有名になった。北海道のおみやげとして有名なマルセイバターサンドなどを製造する、六花亭製菓の包装紙には、直行の描いた北海道の草花が描かれている。

高知県の桂浜に坂本龍馬の銅像が立っているが、龍馬の子孫は高知県にはいない。ただし、一族の血脈は、はるか北の大地で現在も受け継がれているのだ。

1877年▼西南戦争で西郷隆盛が敗死

大河ドラマの主役「西郷どん」の子孫は陶芸家になっていた!

西郷隆盛《さいごうたかもり》
(1828-1877)

明治維新の立役者である西郷隆盛は、征韓論で敗れ退けられた「明治六年の政変」で下野する。その4年後、日本最後の内戦となった1877(明治10)年の西南戦争で敗死。妻や子は反乱の首謀者の近親者ということで、鹿児島で息をひそめて暮らしていた。

隆盛には5人の子がいた。長男の寅太郎は明治天皇の配慮で、1884（明治17）年にドイツへ留学した。寅太郎は士官学校で学んだのち、現地で陸軍少尉となる。帰国後は陸軍に入り、大佐にまで昇進している。1902（明治35）年に隆盛の名誉が回復されると、侯爵に叙せられた。

寅太郎の西郷侯爵家は、三男・吉之助が継いだ。吉之助とは隆盛の幼名（吉之介とも）と同じで、風貌がよく似ていたと言われる。祖父と同じ政治家となり、1968（昭和43）年に第二次佐藤内閣で法務大臣となる。ただ、手形を乱発して当時5億円近い債務を抱え、議員会館に押しかけた債権者に対し暴力団などを使って暴行させるなど、問題が多かったことから失脚している。軍人としては大成しても、政治家としてはうまくいかない家系なのかもしれない。吉之助の子らはすべて政界を離れている。

一方で、隆盛が奄美大島に流されていたころに愛人とのあいだにもうけた菊次郎は、12歳でアメリカ留学を経験。帰国後は外務省に勤務し、日清戦争で日本が台湾を獲得すると、台湾総督府で支局長となった。その後は日本に戻って京都市長となっている。菊次郎は治水やインフラ整備に力を尽くし、京都の近代化に貢献した名市長として知られる。

この菊次郎の孫、つまり西郷のひ孫にあたる西郷隆文は、軍人や政治家でなく、意外な職業に就いて活躍している。本職はなんと陶芸家で、厚生労働省が選出した伝統的工芸産業の「現代の名工」にも選ばれている。

中学の恩師の勧めで陶芸の道に入った隆文は、旧薩摩藩主・島津家の菩提寺のあった日置市の大乗寺跡に「日置南洲窯」を開いている。ちなみに南洲とは隆盛の号であり、隆盛を祀った南洲神社や、隆盛の遺訓をまとめた『南洲翁遺訓』などにも名が残る。

隆文の顔立ちは上野公園の西郷隆盛像に似ているが、じつは隆盛本人がどういう顔だったのかは、不明である。写真が残っていないのだ。よく知られている隆盛の肖像画や銅像は、隆盛の弟の従道《つぐみち》や従弟の大山巖《いわお》などをモデルにつくられたものという。

参考文献

『日本史有名人の晩年』『日本史有名人の子孫たち』新人物往来社編（新人物往来社）／『教科書が教えない歴史有名人の子孫たち』『歴代天皇・皇后総覧』（新人物往来社）／『消えた名家・名門の謎』歴史読本編集部編（新人物往来社）／『消えた古代豪族と「その後」』『消えた戦国武将と「その後」』歴史ＲＥＡＬ編集部編（洋泉社）／『敗者の日本史』『敗者の日本史２』（洋泉社）／『武将の末裔』（朝日新聞出版）／『江戸の殿さま全６００家』八幡和郎（講談社）／『華族総覧』千田稔（講談社）／『格差と序列の日本史』山本博文（新潮社）／『図説・源平合戦人物伝―決定版―』歴史群像編集部編（学研パブリッシング）／『戦国史の怪しい人たち』鈴木眞哉（平凡社）／『しぶとい戦国武将伝』外川淳（河出書房新社）／『戦国武将 敗者の子孫たち』高澤等（洋泉社）／『日本史の舞台裏 その後の結末』歴史の謎研究会（青春出版社）／『日本史人物「その後のはなし」上下（江戸・明治）』加来耕三（講談社）／『大江戸快人怪人録』田澤拓也（小学館）／『蘇我氏の古代史』武光誠（平凡社）／『飛鳥王朝史』（学習研究社）／『王朝貴族の悪だくみ』繁田信一（柏書房）／『海のもののふ三浦一族』石丸熙（新人物往来社）／『相模三浦一族とその周辺史』鈴木かほる（新人物往来社）／『あなたの知らない神奈川県の歴史』山本博文（洋泉社）／『もっと知りたい神奈川県の歴史』小和田哲男（洋泉社）／『北条時頼』高橋慎一朗（吉川弘文館）／『敗者の日本史７ 鎌倉幕府滅亡と北条氏一族』秋山哲雄（吉川弘文館）／『山名宗全』川岡勉（吉川弘文館）／『山名宗全と細川勝元』小川信（吉川弘文館）／『47都道府県の「戦国」』八幡和郎監修・造事務所編著（大和書房）／『長宗我部元親・盛親』平井上総（ミネルヴァ書房）

／『貧乏大名〝やりくり〟物語』山下昌也（講談社）／『江戸大名 お家滅亡』『サムライたちの幕末・明治』歴史REAL編集部編（洋泉社）／『敗者の日本史15 赤穂浪士と四十六士』山本博文（吉川弘文館）／『日本史リブレット51 徳川吉宗』大石学（山川出版社）／『徳川宗春〈江戸〉を超えた先見力』北川宥智（風媒社）／『第十六代徳川家達』樋口雄彦（祥伝社）／『「その後」の関ケ原』二木謙一監修（実業之日本社）／『「その後」のお殿様』山本博文監修（実業之日本社）／『古代史 闇に隠された15の「謎」を解く！』福田智弘（実業之日本社）／『血脈の日本史』小和田哲男監修（実業之日本社）／『戦国時代前夜』水野大樹（実業之日本社）／『裏も表もわかる日本史 古代編』関裕二（実業之日本社）／『裏も表もわかる日本史 戦国編』加来耕三（実業之日本社）／『裏も表もわかる日本史 江戸時代編』福田智弘（実業之日本社）

本書は、実業之日本社より刊行された『負け組の日本史』を、文庫収録にあたり改題したものです。

山本博文（やまもと・ひろふみ）
歴史学者（日本近世史）。1957年、岡山県生まれ。東京大学文学部国史学科卒業。文学博士。東京大学史料編纂所教授などを務めた。著書に『歴史をつかむ技法』『「関ヶ原」の決算書』（以上、新潮社）、『江戸の組織人』（朝日新聞出版）、『日本史の一級史料』（光文社）など多数。『角川まんが学習シリーズ 日本の歴史』（KADOKAWA）の全巻監修も手がけた。2020年逝去。

造事務所（ぞうじむしょ）
1985年設立の企画・編集会社。歴史や文化に造詣が深く、編著となる単行本は年間約30冊にのぼる。おもな編集・制作物に『この一冊で世界の「四大宗教」がわかる！』（三笠書房《知的生きかた文庫》）、『学校で教えない 日本史人物ホントの評価』（実業之日本社）、『東大教授が教える！ 超訳 戦乱図鑑』（かんき出版）など。

知的生きかた文庫

日本史《にほんし》の有名人《ゆうめいじん》たち「その後《あと》」どうなった？

監修者　山本博文《やまもとひろふみ》
編著者　造事務所《ぞうじむしょ》
発行者　押鐘太陽
発行所　株式会社三笠書房
〒一〇二－〇〇七二　東京都千代田区飯田橋三－三－一
電話〇三－五二二六－五七三四〈営業部〉
〇三－五二二六－五七三一〈編集部〉
https://www.mikasashobo.co.jp
印刷　誠宏印刷
製本　若林製本工場

ISBN978-4-8379-8782-6 C0130

C50427

知的生きかた文庫

時間を忘れるほど面白い雑学の本
竹内 均【編】

1分で頭と心に「知的な興奮」！身近に使う言葉や、何気なく見ているものの面白い裏側を紹介。毎日がもっと楽しくなるネタが満載の一冊です！

アタマが1分でやわらかくなるすごい雑学
坪内忠太

「飲み屋のちょうちんは、なぜ赤色か？」「朝日はまぶしいのに、なぜ夕日はまぶしくないか？」など、脳を鍛えるネタ満載！どこでも読めて、雑談上手になれる1冊。

日本の駅名おもしろ雑学
浅井建爾

マニアもそうでない人も楽しめる、おもしろネタ、不思議議ネタ、びっくりネタ！駅にちなむ地理・歴史のエピソードが満載。全項目に、ひと目でわかる路線図つき。

東大脳クイズ——「知識」と「思考力」がいっきに身につく
QuizKnock

東大発の知識集団による、解けば解くほどクセになる「神クイズ348問」！東大生との真剣バトルが楽しめる、「東大生正解率」つき。さあ、君は何問解けるか⁉

おもしろ雑学日本地図のすごい読み方
ライフサイエンス

「階段なのに国道になっている道がある⁉」「和歌山県のある村は、丸ごと他県の飛び地に⁉」——県境・地名・交通・歴史など東西南北、日本全国の「へぇ〜」が大集合！

C50429

知的生きかた文庫

図解！ 江戸時代

「歴史ミステリー」倶楽部

大江戸「八百八町」は大げさな表現？ いえ、実際は「千七百町」もあった！ 知っているようで知らない江戸時代の基本を徹底図解でわかりやすく解説！

図解！ 戦国時代

「歴史ミステリー」倶楽部

地図・チャート・イラスト・写真などの図解をふんだんに用いて、戦国時代の「合戦と生活」の〝実際〟に迫る。「リアルな戦国」を追体験しよう！

渋沢栄一 うまくいく人の考え方

渋沢栄一［著］
竹内 均［編・解説］

日本近代経済の父といわれた渋沢栄一による、中国古典『論語』の人生への活かし方。名著『実験論語処世談』が現代語訳でよみがえる！ ドラッカーも絶賛の渋沢哲学!!

苦境と逆転の知将 明智光秀の生涯

外川 淳

明智光秀はその生涯で、多くの「苦境」に直面したが、そのたびに知略をめぐらし「逆転」してきた。信長に最も信頼された男、光秀の波瀾の生涯を追う「歴史ミステリ捜査」！

執権 北条義時

近藤成一

鎌倉幕府第2代執権・北条義時はいかにして、13人の御家人の中で頭角を現し、血生臭い権力闘争を制して北条執権の世を築いたか…!? その真相に迫る！

C50446